花園大学人権論集 30

花園大学人権教育研究センター編

# 人間社会の再生可能性

すべての市民が、平和のうちに、差別なく、
その人らしい人生を歩める社会へ

Human Rights Thesisses in Hanazono University

批評社

# はしがき

本書は、花園大学人権教育研究センターの出版物の中で市販されているシリーズ『花園大学人権論集』の第三〇巻です。本書では、二〇二二年度の人権教育研究会での研究発表四本と、二〇二二年三月をもって花園大学を定年退職された中尾良信先生と三品桂子先生の最終講義二本を収めており、センターの人権についての取り組みを大学内外に発信するものです。

## ●最大の人権侵害であるロシアによるウクライナ侵攻

二〇二二年の世界の人権状況を考える場合には、二〇二二年二月二四日に勃発したロシアによるウクライナへの侵攻を取り上げないわけにはいきません。本稿執筆時点（二〇二二年一一月二九日）においても戦火が収まる気配はなく、ロシアによるウクライナの発電所などへのインフラ破壊が続いており、ウクライナの人々は寒さの中で厳しい生活を余儀なくされています。

報道の量は減ったとはいえ、それでも「ロシアの攻撃によって住宅が破壊され●人のウクライナ人が死亡した。うち子供が●人含まれている」というような映像や報道が毎日絶えることがなく、とくに、子どもの死亡には胸が痛みます。

私自身、ウクライナの事態によって軽いうつになったような、気が晴れない精神状態が続いています。私が社会福祉学部の教員であることから、ウクライナの障害者や高齢者の置かれている状況を想像すると、これもまた気が重くなります。特に障害者に関する報道はほとんどなく、常時介護を要する重度の障害者や、介護を要しないまでも発達障害など厳しい環境では平穏を保てない人たちはどうなっているのかと想像するのが辛くなります。

### ●「『国家の戦争』から『個人の戦争』への変化（古谷修一・早稲田大学教授）」（朝日デジタル、二〇二二年一〇月一八日）

侵攻当初、ロシアが短期間でキーウを占領し、ロシアのかいらい国家を樹立するのではないかと思われましたが、西側の支援を受けたウクライナは頑強に抵抗し、現時点では「ロシアの苦戦」という評価になっています。国連をはじめ国際世論は圧倒的にウクライナを支持し、ロシアは孤立を深めている状況です。

なぜ、このような予想外の状況になったか、ある議論を紹介しましょう。それは、ロシアのウクライナ侵攻が、「国家の戦争」ではなく「個人の戦争」として見られたことが大きな要因であるとする古谷修一氏の意見です。氏によれば、今回のロシアの侵攻は「一つは、侵略戦争であること。もう一つは、ロシア軍が虐殺などめちゃくちゃなことをしていること。どちらも容認できませんが、どうやら後者の方がより注目を集めている」と言います（二〇二二年一〇月一八日朝日デジタル「ウクライナの深層」第一四二回）。

## ●可視化された戦争——残虐行為がすぐに目の当たりに。戦争が身近になった現代

このように世論が被害者と人権の問題に関心をもつようになったのは、氏は「現場の映像が見えるようになったことが大きな要因の一つである」と言います。確かに、ウクライナのキーウ近郊のブチャにおける四〇〇人を超えるという大量虐殺の現場の映像がすぐに全世界に流され、住民からその場での虐殺の様子がリアルに語られます。倒壊した家屋や道路に倒れている遺体を見ると、戦争の凄まじさ、恐怖を身をもって身近に感じざるを得ません。

ナチスが国内の障害者を七万人（公式発表の数字）も抹殺したT４計画やアウシュビッツでのホロコーストはひた隠しにされ、戦後になってやっと明らかになったものです。ベトナム戦争でも、一九六八年三月に起きた米軍が無抵抗の村民五〇四人を虐殺したソンミ事件は、真相が明らかにな

ったのは翌年一九六九年の米誌の報道によるものでした。中学生だった私はその写真報道を見てベトナム戦争における米軍の残虐な行為を肌身に感じた記憶があります。

しかし、現代においては、私たちは、SNSなどの発達で、はからずも戦争をリアルタイムで見てその残酷さを感じることができるのです。こうしたことから、国際世論はロシアの蛮行を目の当たりにして、ロシアの残虐行為への非難とウクライナへの支持が大勢となったと考えられます。これはプーチンの最大の誤算だったかもしれません。

## ●すべての市民が、差別なく、その人らしい人生を歩める社会へ

ウクライナの情勢を見るにつけ、私たちは、日常の平和な生活のかけがえのなさを感じざるを得ません。一方で、「防衛費倍増」など軍拡による短絡的な対応ではなく、専守防衛に徹し、戦争を回避する外交を重視しなければなりません。同時に、基本的人権を守る取り組みが以前にも増して求められています。その意味で本号に掲載されている六本の論考は、いずれも現代日本における人権の重要な論点を提示するものと言えます。

渡邊実先生（社会福祉学部臨床心理学科）の「訪問教育の子どもたちと共に」は、学校に通うことができない、重度の障害のある子どもたちの自宅に訪問して行う訪問教育に従事されてきた先生による、珠玉の実践記録です。重度の子どもたちへの訪問教育からは、「今が大事であること」を教えられます。午後四時まで授業をして「今日も楽しかったね」と帰宅したその日の夜に亡くなった

りすることもあるといいます。今できることをやることが未来を生み出す、今を犠牲にして明日は生まれないこと、そして「人は数えられず、ひとりひとりがいる」という言葉には実践を踏まえた説得力があります。

岩田真美先生（龍谷大学文学部真宗学科）の「女性と仏教をめぐる諸問題――龍谷大学ジェンダーと宗教研究センターの取り組み」では、仏教ＳＤＧｓをスローガンに多角的な企画を推進する龍谷大学の付属研究機関としての取り組みを紹介されました。特に仏教に存在する女性差別の問題、例えば、女性は梵天とか帝釈天、魔王、転輪聖王、仏になれないという「女人五障説《にょにんごしょうせつ》」や、したがって仏になるためには男にならなければならない、女性の身のままでは往生できないという「変成《へんじょう》男子説《なんしせつ》」の問題や、十宗派における教師（住職資格のある人）の割合が男性が九割を占めることなど、仏教とジェンダーをめぐる様々な問題点を指摘されています。

高橋啓太先生（文学部日本文学科）の「文学作品におけるハンセン病表象――松本清張『砂の器』を中心に」は、日本の現代文学においてハンセン病がどのように描かれてきたかをたどり、その一つである松本清張の長編推理小説『砂の器』の小説と映画とを比較しながらハンセン病への見方を検討されています。小説ではハンセン病はメインテーマではないにしろ「業病」とされている点に清張の限界があり、映画は感動的だが「親子の宿命」という理解でよかったのかと疑問が呈されています。この点は、私も共感するところです。

久保樹里先生（社会福祉学部社会福祉学科）の「ライフストーリーワーク――社会的養護の元で育

つ子どもたちの生い立ちの整理の必要性と課題」では、社会的養護で育っている子どもたちは、彼らが経験するたくさんの別れ（家庭から施設、施設から施設、施設から里親など）によって、普通に育った子どもたちには当たり前のこと（おじいさんの名前、お母さんはどこで生まれたか、自分の名前の由来、自分の子ども時代のことなど）がわからないまま育っています。しかし、自分の過去を知らないまま育つのは根無し草であり、自分の生い立ちを知ることは子どもの知る権利の保障であり、アイデンティティーや自尊感情の形成にとって不可欠です。こうした実践がライフストーリーワークなのです。

中尾良信先生（文学部仏教学科）の「仏教と人権――差別の要因」は、戒名についてその意義を歴史から説き起こし、仏教が江戸時代には檀家制度を梃子として幕府権力（寺社奉行）による民衆支配の役割を果たした点が解明され、差別戒名はその結果であると指摘されます。仏教が宗教本来の役割を果たす以前に権力者の支配のために利用されたという先生の指摘を私たちは忘れてはならないでしょう。

三品桂子先生（社会福祉学部臨床心理学科）の「コミュニティに立脚した支援――援助専門職に求められるもの」は、レジリエンス（回復力、復元力）の視点から、重い精神障害の人を精神科の病院や保護室で現実から切り離すのではなく、支援者が地域に訪ねて行って支援することで回復が可能ではないかということを目標に積み重ねられた、たゆまない実践の報告です。

以上、簡単にご紹介しましたが、それぞれ、重症心身障障害児の学ぶ権利（渡邊）、仏教とジェンダー（岩田）、ハンセン病と差別（高橋）、社会的養護で育つ子どもの人権（久保）、仏教と差別（中尾）、重度の精神障害者が地域で生きる権利（三品）など、現代の差別と人権にとって欠かせないテーマです。それぞれ独立した論考ですので、どのテーマからでもお読みいただければ幸いです。きっと新たな発見があると思います。

二〇二三年三月

花園大学人権教育研究センター所長（社会福祉学部教授）　吉永　純

# 人間社会の再生可能性

## ――すべての市民が、平和のうちに、差別なく、その人らしい人生を歩める社会へ

花園大学人権論集30

もくじ

# 訪問教育の子どもたちと共に

渡邊　実

## 1 訪問教育の概要

今日は、訪問教育のお話しをさせていただきたいと思います。訪問教育で出会った子どもたちは、重い障害を持つと言われる子どもさんなので、今日はアセスメントと支援というお話ですが、初めに、どのような子どもさんたちなのかということから、お話ししたいと思います。

私が勤めていたA市では、一九七九（昭和五四）年当時において訪問教育を受けている児童生徒は、主にご家庭や施設で生活をされている子どもさんで、いわゆる、重症心身障害と言われている子どもたちです。検査や体調不良で病院に入院することもあります。入院中の子どもへの訪問教育も行われていますが、大きな病院では、院内学級を作る方向になっていく時代でした。

当時の日本の障害児教育の概要ですが、一九七九（昭和五四）年の養護学校（現在の特別支援学校）義務化になる前は、重い障害のある子たちは、就学猶予・免除ということで教育の機会を奪われていたとも言えます。

戦後すぐに、視覚障害児と聴覚障害児は義務教育になりましたが、知的障害児の義務教育化は、一九七九（昭和五四）年まで待たされた訳です。義務化になってから、現時点ではまだ四〇年しか経ってないということになります。

私が大学を出て初めて教員として働いた年が、この昭和五四年という、日本の障害児教育が新たに歩み始める年だったんです。恥ずかしい話ですが、大学で障害児教育を専攻したにもかかわらず、当時の障害児教育の講義の中に訪問教育という話はなく、訪問教育と言う制度も教育内容も知らずに、障害児教育の現場に出たことになります。

A市の養護学校の訪問教育部に赴任が決まり、教育委員会の先生に何をすればいいのかを尋ねると、「一回二時間、週二回、子どもたちの家を回って、主に保護者の方と話すことが多いかな」と言われましたが、何をすればいいのか迷いながらも、訪問教育の担当となりました。

当時、A市内には、就学猶予・免除となり、在宅で学校に来てない子たちが約五〇人ほどいました。就学猶予・免除の子の存在は、日本の学校教育の負の遺産ということになります。当時は、「すべての子に学籍を」というスローガンの元に、就学猶予・免除の子ども全員に学籍をつけることが大きな目的となりました。

一方で、この時、就学猶予・免除だった子どもたちの中には、学校に通えるのではないかと思える子どもたちもいました。この時点では、訪問教育は「通学移行のための過渡的処置」とも言われ、学校に行ける子は訪問教育から学校に通うことを目ざした取り組みをすることになりました。一九七九（昭和五四）年の養護学校義務化の、この当時の時点では、訪問教育にならざるを得ない子どもたちの理由としては、大きく分けて、次の三点が考えられました。

一つ目は、障害や病状が重く、家庭や病院での医療が必要だと思われる子。

二つ目は、養護学校が自宅より遠く、通学バスが回っていないと言う物理的理由で訪問教育となっている子。

三つ目は、家庭の思いがあり、子どもを外に出すことに保護者が躊躇《ちゅうちょ》しておられる子。

このような三つの理由が考えられました。一つ目以外の理由は、学校や家庭の人的理由でもあり、通学のバスを増やして、養護学校への通学時間を短縮するなど、時間をかけて徐々に解決していくことができました。訪問教育の子も通学に変わることで、訪問教育在籍児も五人以下になっていきました。多くの子どもたちが、通学に変わっていくことで、この先は、訪問教育は自然消滅かなと思っていたところ、二〇年ほど前から、医療の進歩もあり、医療的ケア児と言われる常時医療を必要とする子どもたちも増えてきました。

訪問教育の実際の概要の話ですが、学校教育法第七二条の「生活上の困難を克服し、自立を図るために必要な知識技能を授けることを目的とする」が訪問教育の法的根拠になっています。特別支援学校の教育全体を見通して、これらを考えて実施して下さいというのが、文部科学省の示す訪問教育の根拠であり、考え方です。

実際になぜ訪問教育になっているのかという問題について、もう少し詳しくお話ししたいと思います。現在も、養護学校義務化の当時から、訪問教育にならざるを得ない理由は大きく変わっていないように思えます。理由としては、先に述べたように三つぐらいに分けて考えられると思います。

一つ目は、障害の程度があり、やはり医療的ケアが必要な子どもさんです。

二つ目は、特別支援学校が遠いといった物理的理由や、学校側が気管切開している子どもさんの通学バスの利用を認めないというケースがあります。学校や行政側の理由ということになります。

三つ目は、ご家庭の事情や教育方針があり、自宅での学習や訓練を受けることを望まれる御家庭や、その一方で子どもを家の外に出すことに悩んでおられる家庭もあります。それぞれの御家庭には、それぞれの思いがあると思います。

一つ目の理由は、やはり身体的な障害が重く、病院や自宅からの外出が難しい子どもたちが少なからずいることは事実です。しかしながら、自宅では医療的ケアを受けながらも、日中を過ごすことができているわけなので、学校が自宅のように、ゆったりとした、その子の体調に合わせた時間が流れれば、学校でも日中過ごせると思います。学校が家庭のような機能を持つことは難しいのでしょうか。

また、入院を余儀なくされている子どもにおいては、近年、病院内での学習を行う院内学級が整備されてきました。それでも、治療内容や体調によっては、病室から出ることができない子どももいます。そのような時は、院内学級の先生が病室のベッドサイドに出向いて勉強を教える、ベッドサイド授業が行われます。また、院内学級のない病院に入院した子どもたちは、病院での訪問教育を受けることになります。

二つ目のバスに乗れない、特別支援学校が自宅から遠隔地にある等の行政や学校側の理由から訪問教育になっているケースです。バスに乗れない医療的ケア児の例は前述しました。一方で、特別支援学校は都市部に設置されることが多く、地方在住の障害児や離島に住む障害児は、特別支援学校の寄宿舎に入舎するか、訪問教育を受けることになります。

この訪問教育は、かつては地域の小中学校から先生が派遣されていた時期もあったようですが、一九七九（昭和五四）年の養護学校義務化によって、多くの支援を必要とする障害児は、就学指導委員会の判定によって基本的に特別支援学校（当時は養護学校の名称）の在籍になるとされたので、訪問教育該当児も特別支援学校籍となっていました。

私が訪問教育を担当しているときも、養護学校から距離的に遠いので訪問教育になっている子がいましたが、その子の家は地域の小学校の正門の真向かいの家でした。片道一時間三〇分もかけて特別支援学校から訪問するより、目の前の学校の先生が訪問してくれる方が、よっぽど効率的で地域に根ざした障害児教育ができるのにと何度となく思いました。

通学バスに乗れないと言う医療的ケア児は、今後、特別支援学校では通学バスに乗れないので、保護者が送り迎えをするなら、自宅より遠い特別支援学校より、歩いて通える地域の地元校がいいと考えるほうが自然で、この子のようなケースが増えるように思います。通学バスに乗れないのなら、地域の学校にも看護師さんを配置して欲しいという合理的配慮を求められることも増えてくるように思います。そうすると、医療的ケア児は特別支援学校に通わず、地域の学校に通うケースが増えることも予想されます。現に私が住む地域でも、医療的ケア児が地域の学校に通う事例がでてきました。今後は、地域の学校を希望する保護者や医療的ケア児が増える時代になってくると思います。

テレビでも紹介されたことがある、ある議員さんの息子さんですが、その子も医療的ケア児で、気管切開や胃瘻をしています。以前は、通学バスに乗れないので、保護者が付き添って特別支援学校に通学していたのですが、小学校二年生から、地域の特別支援学級に通うようになったそうです。成長と共に、呼吸器も晩の寝るときだけという、症状の改善もあったようです。

すでに、大阪では、一般校に常駐する看護師さんが一五〇人近くおられるそうです。一〇年以上前から年月をかけて通常学級の中で医療的ケアの子が過ごせるような取り組みをしてきたとのことです。大阪は以前から、統合教育やインクルーシブ教育を早い時期からしておられますので、今後は、大阪の学校教育の方法を見習う必要があるように思います。

三つ目の訪問教育となる理由として、保護者の側の理由もあります。その理由の一つは積極的に、家での訓練をしたいという理由で訪問教育を選択する家庭もあります。多くのボランティアの方と一緒に、訓練をご家庭でしているケースもありました。

一方で、子どもを外に出すことにためらいのある家庭もあります。家で、子どもと静かに暮らしていたいと言われる方もいました。しかしながら、訪問の先生が家庭での子どもの学習を続けるうちに、子どもの表情に変化が現れたり、お母さんにも安心感が生まれるようになると、子どもを学校に出してみたいと思われ、その後、通学に移行していった子どももいます。地道にコツコツと家庭の中で、子どもたちに関わることが大切だと切に思います。

## ●2 訪問教育の制度について

養護学校義務化の時点では、訪問教育は一人の先生が四人の児童生徒を担任し、一週間に二回、一回二時間程度の学習を家庭で行うことが標準的な形態でした。現在では、一人の先生が三人の児童生徒を担任して、子どもや家庭事情によりますが、一週間に三回、家庭や施設や病院を訪問して学習を行うことが多いようです。

また、学校によって、独立した訪問教育部として校内に位置付け、先生も訪問教育のみを担当するシステムをとる学校や、子どもも先生も小中高等部に位置付けて、訪問の時間だけ担当の先生が訪問に出向くというシステムなど、校内事情や訪問教育の設立経過によって、それぞれの学校で違っています。現在は、訪問教育の該当者が少なくなってきたこともあり、各学部に先生も子どもも位置付けて、訪問教育が行われているケースが多いと言えます。その方が、訪問教育の子どもがスクーリングで学校に登校するときに、重症児のクラスに位置付けられていることで、対応しやすいという側面もあると言えます。また、高等部の訪問教育も一九九九（平成一一）年から保護者の希望で始まりました。

## ●3 訪問教育の子どもたち「ひとりひとり」

ここで紹介する子どもたちは、『訪問教育の子どもたちからのメッセージ（渡辺　一九九八）』の中で紹介した子どもたちもいますので、機会があればご一読下さい。

はじめに、私がかつて担任をしていたKさんについてのお話をします。「発達」という雑誌で、訪問教育について書いた、「学校がやってくる（渡辺　一九八四）」という文章の中に出てくる子どもです。いろいろな事情で、障害を受けてしまった子どもさんです。幼少期に大きな発作を起こしてしまい、体の左側の動きが少し不自由なところがありますが、今も元気で今年（二〇二二年）五二歳になりました。

Kさんからは、たくさんのことを教わりました。

私が大学を出て初めて担任をした子どものひとりです。大学では、障害児教育を学んできましたが、訪問教育や重症児教育についての講義は少なく、いわゆる「在宅で寝たきり」と言われる子どもたちのことは、障害児教育専攻の私でさえ勉強不足だったのか知りませんでした。まして、当時、一般の方が、このような子どもたちの存在は知らなかっただろうと想像できます。私も、Kさんを目の前にして、どのように関係を作り、どのような授業をしていいのかも分からないまま、手探りの日が続きました。

あるとき、Kさんが両手を前に突き出して、上体を起こしたいような仕草を見せました。私は、自然と「Kさん、起きたいの？　起きたいんだったら起こすね」と声をかけながら、Kさんを抱き起こしました。すると、Kさんは、私に抱かれた腕の中で、「あー、うー」と声を出して、リラックスして喜んでいるようでした。

しばらく抱いていると私も疲れてくるので、Kさんを布団に戻します。「よかったね。起きたね」と笑顔で声をかけながらしばし休憩をしていると、今日は調子がいいのか、また、両腕を前に突き出してきます。「あれ、また起きたいのかな」と言いながら、Kさんを再び起こします。すると、今度も「おーおー」と声を出して喜んでいるようです。

この日は、その後は起こすことはありませんでしたが、次の訪問の日からも、同じように「両腕を突き出したら起こす」という関係を続けていきました。すると、その行為が、だんだんお互いの了解可能なサインとなり、両腕を突き出して、体をぐーっと前に起こす動作をすると抱き起こしてもらえるという関係性が作られてきたようでした。そして、起こしてもらえると嬉しいのでワーッと喜ぶという関係ができて、私もKさんと通じ合うことができたことを嬉しく思い、通じ合おうと思えば誰でも通じるんだなと思えた出来事でした。

Kさんは、抱き起こしてもらうことをとても喜ぶことが分かってきたので、自分から起きようとするときに限らず、訪問の日は毎回抱き起こすことにしました。Kさんには発作があります。抱いたときに体が硬いなと思うときは、発作が起こることが多いように思いました。五月、六月や秋の季節の変わり目は、発作が頻発することもあります。障害を持つ子に関わる職人芸かなと思いますが、口では言えないのですが、抱き起こしたときに、ちょっと体が硬いなと思った日は発作を起こすことがなんとなく分かってきたように思いました。体の感覚でしょうか。その一方で、抱いて音楽や歌に合わせて体をゆすると、すごく喜んで「おー、おー」って声を出すようになりました。

卒業式も自宅で行いました。私もスーツを着て、卒業証書を手渡しました。Kさんからは、他にもたくさんのことを教わりました。

次にMさんのお話をします。Mさんのご家庭は、ご両親も含めて一家が病弱なご家庭でした。Mさんも、病気が原因で高熱が続き、その後遺症もあり、座位は取れますがことばを話すことは難しくなり、家庭の事情もあり訪問教育を受けることになりました。

Mさんは、訪問教育を受けている児童の中では比較的体調の安定した子どもでした。ずり這いをして部屋のあちこちへ移動もします。私が担任をしている間、Mさんが怒ったりするところを見たことがなく、穏やかな子どもでした。そして、お母さんの歌を聞くのが大好きな子どもさんで、一家で入院していた時に、よくお母さんが歌っていたそうです。子守歌のようだったのだと思います。

お母さんも歌が好きで、いろいろな歌をMさんに歌っていました。中でも「すずめの学校」の歌がMさんは大好きです。でも、お母さんが歌う歌は、歌の抑揚があまりない歌声のようにも聞こえるのですが、それが、Mさんのお気に入りでした。私がギターで歌っても全然駄目で、お母さんが「チーチーパッパチーパッパ」と歌ってくれる方が数段嬉しいんです。要するに誰が歌っているかが大切で、お母さんが歌ってくれることが嬉しいわけです。何が自分にとって嬉しいことなのか、よく分かっていると思います。

次の子どもさんのお話をしたいと思います。Oさんは、頭部に疾患のある子どもさんでした。Oさんの入学式は、校長先生と一緒にご自宅を訪問して行いました。初めてご自宅に入れていただいて、Oさんのいる部屋に通されると、Oさんは、ベビーベッドの中で目を開けてこちらを見ていました。そこで、私が、「お母さん、抱いてもいいですか?」と言うと、少し驚かれたようでしたが、すぐに、ベッドの柵を外してベッドから出して抱いてもいいですと許可をいただきました。Oさんをそーっと抱き上げると、とても柔らかな体で、体のぬくもりから優しさが伝わってくるようでした。

それから、日中はベッドから出て、絨毯や畳の上で過ごすことが多くなりました。それがよかったのか、やがて座位も取れるようになり、這って部屋の中を移動するようにもなってきました。遠足で、ブドウ狩りや柿狩りにも行き、秋のうららかな日差しを浴びて、屋外で温かな日を過ごしました。ブドウの木の下にゴザを引いて、ギターで歌を歌ったり、Oさんに、「ブドウだよ~」と目の前にぶら下げたりして、のどかで楽しい一日を過ごしました。

ある日、おもちゃの太鼓を見せながら少し叩くと、太鼓に興味を示して、部屋の隅に座っていたOさんが、太鼓の置いてある方に四つ這いとまではいきませんがゴソゴソとやってくるようになりました。やがて、太鼓を置くと、太鼓をさわりに来るようになりました。

しばらく訪問を続けたある日のこと、私が玄関で「おはようございます」と声をかけながら部屋の扉を開けると、「キャー」と声を出して喜んでくれました。私を待っていてくれたと思うと、とても嬉しかったです。

Oさんは頭部に障害があることで、小学校五年生の時に、入院して頭部から出ているシャントと言う管を付け替える手術をB病院で行いました。予定の手術時間を超えた手術となり、お母さんと二人で、Oさんの病室で「大丈夫かな」と話していたのを思い出します。その入院時に、研修医の若いドクターが、点滴の針をOさんに刺すのですが、細い手の血管は特に細いようで、点滴の針がなかなか入らないのを私もつらい思いで見ていました。

当時は、脳外科病棟に入院していましたから、相部屋の他の入院患者さんは高齢の方も多く、Oさんが声を出すのに気を遣っていました。

入院中は、子どもがおとなしく過ごして欲しいというのは誰しもが思うことです。Oさんも、元気になってきたのは嬉しいのですが、「アーアー」と時折、何かを訴えるように声を出すことがあります。退屈でもしているのでしょうか。入院中も何とか無事に過ごせるようにと、お母さんから依頼がありました。それは、Oさんは歌が好きで、訪問時に、私がギターで歌を歌うと、いつも静かに聞いていました。お母さんはそれを思い出して、「先生の歌った歌を音楽テープに入れて下さい」という依頼でした。

一時間くらいギターで歌った歌をテープに吹き込んで、お母さんに渡しました。すると、病室のベットの枕元にテープデッキを置いて、私の吹き込んだ歌をおとなしく聴いているようでした。何が役に立つかわかりませんが、普段の訪問教育で行っていることが、Oさんの入院生活を穏やかなものにしたようです。日常の地道な関わりが大切だと改めて思いました。

次に、Tさんのお話をさせていただきます。Tさんも、脳に障害のある子どもさんです。私が関わり始めた時には、ご両親がTさんに有効と思われるリハビリをいくつか組み合わせて、熱心に支援を行っておられました。そのために、自宅での訓練や学習を進めたいというご希望があり、積極的に訪問教育を選択されたご家族でした。訪問教育を有効に使っておられると思いました。

リハビリの内容によって、時には遠くまで足を運ぶこともあったようです。ボランティアの方の力を借りて、一度に数名の人が、Tさんの手や足や頭をそれぞれ支え、「いちに、いちに、…」というかけ声に合わせて、腕や足、頭をリズミカルに動かすリハビリもしていました。私も訪問に行ったときに、そのリハビリのお手伝いをすることもありました。年始の授業では、毛筆を持って書き初めを喜んで書いたことが忘れられません。

その後、本校に通学することになり、学校に通うことを楽しみにしている子どもさんでした。また、Tさんは地域の学校にも交流及び共同学習として訪れ、子どもたちとともに学習をしたり、遊んだり、運動会にも参加しました。車いすで徒競走に参加したり、ダンスに参加したりすることもありました。地域の子どもたちや住民にも、Tさんがいることを知ってもらうことは大切なことだと思っています。町で会ったら声をかけて欲しいと思っていました。このような地域の学校に行くという取り組みの積み重ねもTさんにとっては大切だったと言えます。

最後にNさんのお話をしたいと思います。Nさんも、私が教師になって初めて担任した子どもさんで、その時は小学校三年生でした。以前、私が書いた文章でも紹介している子どもさんです（渡辺　一九九八）。Nさんは、この当時、時々寝ない日が続いたりすることがあり、発作もある子どもさんでした。私が、ご自宅へ訪問に行って「おはようございます」と声をかけて扉を開けると、目を赤くしたお母さんが出てこられ、「先生、私このところ寝不足で、ちょっと寝させてもらっていいですか」というようなこともありました。訪問教育は、家族や家庭と共にあり、少しでも家族の役に立つことが求められていると、つくづく思いました。

初めに出会った時、私は若干二三歳でした。まだ教師になって間もなくですが、お母さんから、「先生、この教育は一〇年やらないとわからないと思います」と言われ、この教育の厳しさを改めて考え直し、肝に銘じることになります。このことばは、このあとずっと、私の長い教員生活の糧となっていきました。「わかりました」と返答しつつも、お母さんの思いを受けとめきれるのか、不安もありました。それから、訪問教育を一二年やったので、お母さんに「一二年やったのでいいですか?」と聞くと、「大丈夫です」と言われ、良かったです。でも、実際は、何もわからないままでした。

それでNさんですが、幼少期に発育の様子が気になるので医師に診察をしてもらうと、脳の発育に何らかの障害があることが分かりました。生まれてしばらくして、お医者さんから一〇歳まで生きられるかどうかわからないとも言われたそうです。それでもお母さんは、「もう絶対二〇歳まで、この子は私が頑張って育てます」と強く思われ、私にもその思いを話してくれました。当時は、医者も、なんでそのようなことを言うのか分かりませんでした。医学的な事実として伝える必要があったのだと思いますが、そのような診断や発言のあとではフォローが必要だと思います。病状の告知の問題も同様ですが、告知したあとのバックアップがあることが必要です。

しかしながら、医師の見立てに反して、Nさんは二〇歳になりました。そこで、今まで関わりのあった先生やボランティアを集めて、地域の集会場を借りて誕生会と成人のお祝いをして、楽しいひとときを過ごしたことが忘れられません。子どもたち自身が、今までの障害や疾患に関する一般的な見立てを変えていく可能性を秘めていると言えます。

## ●4 訪問教育の子どもたちから教わったこと

次に、「訪問教育の子どもたちからメッセージ(渡辺 一九九八)」について、お話しします。これが収録されている『教育への告発』という本は、岩波書店から出されました。ここで言いたかったことの一つは、「小さい人、弱い人を大切にする」ということです。

そして、今が大事だということです。先ほども言いましたが、訪問教育の子たちは亡くなるという現実もあります。例えば午後四時まで授業をして「あ〜よかったね。今日も楽しかったね」と言いながら帰宅したその日の晩の一〇時ぐらいに「先生、亡くなりました」という電話があったりします。もう愕然とします。

そういう命との対話もあり、日々の訪問教育では何を大切にしたらいいのかを深く考えるようになりました。子どもが亡くなる知らせを聞くたびに、「あ〜これはどういうことか」と心が重くなる中で、「今日一日を大事にすることしかない」と思うようになりました。今日一日を充実して過ごすことで、明日を迎えることができる。子どもにとっても、大人にとっても、未来とは今日の一歩一歩の積み重ねだと思うようになりました。「明日のことはわからない」とも言えます。

そう考えると、今と言う時間を犠牲にしないことが大切だと言えます。これは一般の子たちにも言えることだと思います。今、一生懸命勉強したら、いい大学行って、いい会社入れると言われますが、それは嘘なのではないかと私は思うようになりました。今、できることをやることが未来を生み出すのであって、今を犠牲にしては明日は生まれないと、確信しています。

今を大事にすることが大切ということに加え、できないことをできるようにするのではなく、今できること、その子の得意なことを伸ばしていくことが大切だと思います。それから、人と通じ合うということも、訪問教育の子どもたちから教わりました。それが、お互いを支え合うことにつながり、人はひとりでは生きられないということにもつながっていきます。

お互いのコミュニケーションの問題でも考えさせられます。コミュニケーションを取ろうとするときに、「あの子の言っていることわからないな」と送り手側の問題にすることがあります。本当は、コミュニケーションは、受け取る側の問題が大きく影響しているということを、私はジュネーブ大学への留学中に気づかされました。受け取る側がわかろうとすると、お互いがわかり合っていくのです。

ジュネーブ大学では、ゼミで大学院生たちといろいろと議論するわけですが、私のしている仕事を発表して欲しいと言われ、つたない英語でプレゼンテーションを行いました。聞いている院生は、「ふう～ん」と言いながら反応してくれ、「ミノルの話はよくわかる」と言われました。私は「え？」と思い、半信半疑で、日本の中学生レベルの英語なのにと言うと、「そうじゃないんだよ。わかろうとするとわかる」という答えが返ってきた。「あぁ、そうなんだ」と。

ジュネーブは国際都市だけあって、半数が海外から来た外国の人ばっかりで、イギリスやアメリカ以外からも、アフリカやアジアからも来ている。だから英語が多くの人の第二外国語となるのですが、お互いにそれほど完璧ではないから、わかり合おうとする意識が当然のごとく湧いてきます。そのわかり合おうとすることが、このジュネーブの文化になっているように思えました。この国際都市の中で通じ合わないとやっていけないので、お互いにわかろうとする。これが、外国の人と繋がるのも同じ、ということなのだと思いました。

ここでの体験から、わかろうとしない方に問題があると思うようになりました。あなたの言ってることはわからないではなく、それは、あなたがわかろうとしないからわからないという、ごく単純なことをジュネーブで教えられました。この、聞き手が理解しようとすることがコミュニケーションの基本として重要なことは、障害児との関わりでも言えることです。


私は、大学を出てすぐに訪問教育の世界に飛び込んだのですが、それまで在宅で寝たきりの子どもに出会ったこともなく、訪問教育の制度があること自体も知りませんでした。そのこともあり、初めは、この教育に対して消極的なイメージがありました。感情的というか、根拠のない情緒的なものですが、在宅の重症児を抱える家庭は暗いのではないかと単純なイメージを持っていました。

それが偏見であり、勝手な思い込みであることは、訪問してみてすぐにわかりました。ご家庭は明るく、その子を中心にして家が回っていることにも気づきました。障害を持つ子どもやそのご家庭のことを「知る」ということが、どれだけ大切かということを思い知らされました。

ある子どもさんは、幼児期の病気が原因で中枢神経系に障害が残ってしまった子どもです。いつも二階で寝ているのですが、朝起きると、お父さんがその子を背負って一階に降りてきます。その間に、お母さんは布団を引いて、その子が布団で横になっている間に、お母さんが朝食を作ります。そして、おばあさんもまた、その子の歯を磨いたり顔を洗ったり、「○○ちゃん、今日も楽しいわね」

と声をかけたりしています。

家族の朝の分担が決まっていて、朝食をお母さんが食べさせていると、今度は二階から降りてきたお姉さんが、「今日も元気でね。私行ってくるわね」と声をかけると、その子は、ニコニコ、ニコニコしてるそうです。そうなんだ、その子を中心にして一家が回っている、と思いました。私が、今まで勝手に抱いていたイメージと全く違うのが本当の姿です。

もう一つ大切なことは、教育の場が家庭であるということです。それぞれの家庭には、それぞれの教育方針や生活スタイルがあります。たとえば、ある家の子どもさんは、体温調節が苦手で体調を崩しやすいので、冬でも室温は二〇度に保たれ、暖かいお部屋です。

一方、別の家では、冬でも普段通りの過ごし方をしており、部屋に暖房はありますが、室温を一定にするほどではありません。午前と午後に訪問する家で生活スタイルが違いますが、その家の生活スタイルに合わせることも必要になります。

そのような、各家庭の教育方針や生活スタイルを受け止めながらも、訪問の先生自身の教育理念と生活スタイルは持ち続けないといけないところが、訪問教育の先生の難しいところでもあり、柔軟性を求められる面白いところでもあります。おそらく、学校だけで過ごしていたら、学校の論理だけで、子どもに対応していたと思います。学校に来ている子どもにも、各家庭の教育方針や生活スタイルを背負って登校してくることを心に留めておく必要があると言えます。

訪問教育における大切なことは、子どもの実態や現実の姿に合わせて、「私の方が変わる」ということです。教師である私が、どのように子どもたちに適応していけるかということなのです。子どもを私たちに合うようにするのではなくて、逆に、私たちが子どもや家庭にどれだけ合わせていけるかということです。

もう一歩踏み込んでいくと、私が教えるということではなくて、子ども一人一人のあり方に寄り添って、一緒に考えていくということです。私が以前に抱いていた重症心身障害を持つと言われる子は、表情も硬くて身動きできない子ではないかと思っていたことは、私の偏見だったということです。

先ほども述べたように、家族の人は生き生きとしていて、子どもに語りかけ、子どもはニコニコして応えています。子どもと通じ合えないのは、ジュネーブでの話でもあったように、私の目が曇ってるんだなと思いました。もう一つすごいのは、先ほど述べた子が一人で一階の布団で寝ていると、自然と周りが動くんです。周囲の人が、ああしよう、こうしよう、歯磨かないかん、次はこれをしないかんとかと言いながら、本人は布団の中でニコニコしているんです。すごいなと思います。障害を持つ子は周りを動かす力があるということです。

自分の方が変わるということは、先ほどお話ししたKさんとの関わりでも体験しました。訪問教育で関わり始めた頃は、私に対してすごく表情が硬く、私の方を見ようとしなかったり、避けられている印象がありました。Kさんは自分で動くことも、拒絶することもできないので、関わってくれる人に命を委ねるわけですから、簡単に愛想よく、はいどうぞというわけにはいきません。だから、この人は大丈夫かな、私に変なことしないかなってというのを常に考え、アンテナを張っているのだと思います。

というのは、たとえば、ある子どもさんですが、手を握ると「バッ」と手を振りほどこうとする子どもさんがいました。「どうして？」と母親に聞くと、「先生、この子ね、手を握られると注射をされると思ってるんです」と言われました。ここで紹介する子どもさんたちは医療機関にかかることも多いのですが、注射や点滴をされるのは誰でも嫌ですよね。それで、手を握られることがトラウマになっているのは悲しいことだと思い、何とか、この拒否反応を解いてあげたいとも思い、その子が手を振りほどかなくなるまで、関わり続けるしかないなとも思いました。

Kさんの話に戻りますが、ある時、Kさんを膝で支えて抱き起こし、いつものように話しかけていると、Kさんが「ワーッ、アーッ、ウォー」といった声を出して話しかけてくるようでした。何かを言いたそうにも思えるし、喜んでいるのかなと思いながら、私もKさんの真似をして、「ワーッ、アーッ、ウォー」と、Kさんの声に似せた声を出して、語りかけてみました。すると、Kさんが、「ケタケタケタ」と笑いだしたのです。

一瞬驚きながらも嬉しくなった私は、もう一度「ワーッ、アーッ、ウォー」言ってみました。今度は目を細めたかと思うと、顔中に笑顔がパット広がり、Kさんは「ハハハハハ」と笑い出したのです。私の心の扉が突然ぱっと開いて、Kさんと心が繋がったという喜びと同時に、はっと気づくものがありました。

それは、今まで私がKさんにしてきたことは、私たちの側のことばを使い、私たちのようになりなさいという思いの関わりでしかなかったと言えます。むしろ、私の方がKさん語を知る必要があったのです。そして、Kさんの方ばかりに変わることを強いて、私自身が変わろうとしていないことに気づきました。変わることは、ある意味で他者を受け入れることになるのかもしれません。私の方が変わろうとせず、Kさんを受け入れていなかったのだと思いました。

訪問教育の子どもたちに関わると、今まで気づかなかったことにたくさん気づかせてくれます。こういう気づきが至る所にあるわけです。この子たちと関わることは、教育にしても医学にしても福祉にしても、最先端の知識と感性が求められると常に思います。そして、こういう「ハッ」とする、その瞬間に立ち会える喜びもあります。「あ、そうなんだ。なるほど」と素直に納得することもあります。

こういう経験があったからこそ、ジュネーブに行ったときも、同じ思いを体験することができたのだと思います。やっぱりこっちがわかろうとしなきゃ駄目なんだ。やはりそうじゃないと通じないんだと。相手にばかり、変われ変われ、こうなれああなれと言っても、通じ合うことにはほど遠いことがわかります。

まだ、在宅の重症心身障害児のことが世間でも認知されていなかった時代です。養護学校でもようやく義務化を迎えましたが、先生たちも重症心身障害児の教育には不慣れで、どうしたらいいのか試行錯誤を繰り返す中で、重度重複障害を持つ子どもたちが過ごしやすい学校を作り始めた時期でした。今は、重度重複障害の子が学校に来るのは当たり前になっていますが、当たり前にするのにすごく苦労した時代です。学校が変わると、社会の側が変わる。今も一緒ですね。障害は社会がつくる。社会の側が変わるということです。

最後に、重症児に関わる私の思いを少し述べさせていただきます。「大切なことは目に見えない」というサン＝テグジュペリの言葉があります。大切なことは目に見えない。先ほどお話しをしたNさんも、小学校三年生のときに体重は一〇キロ程度の体でした。でも、私が声をかけると、「あ〜ん〜あ〜」とリズムのある声で返事をしてくれます。見た目の体の姿に引きずられて、この子は何もできないと思い込んでしまってはいけません。心は自由なんです。精神は自由です。そういう見える体に心までも閉じ込めてしまわない、ということが言えると思います。

今の学校では、「わかる授業、何かができるようになる授業」とよく言われています。それもわからないではありませんが、この子たちとの勉強を進めていくと、そうではなくて、「今日の授業は、面白かった。楽しかった」「そう、今日の授業はよかったね」という思いで授業を行う大切さや必要性を感じるようになりました。「できた、できない」ということ以上に、「面白かった。楽しかった」ということを授業では大切にしたいと思います。

そして、子どもたちのお母さん方からもたくさんのことを教わりました。あるお母さんに、「子どもの成長に必要なものは何ですか？」と聞いたら、「そりゃあ、お母さんを楽にしてあげることです」と柔らかな声色でしたが、ぴしりと言われました。今でも、本当にそうだと思っています。

別のお母さんは、飄々とした感じの方でした。同僚の先生が、ある子どもの訪問をして一年ほど経ったとき、「一年間、寄らせていただいたんですけど、なにか子どもさん変わったところありますか？」と聞いたそうです。その先生は、子どもの発達や成長に関してのご意見をお聞きしたいと思ったそうです。お母さんは少し考えているようだったので、再度、「何か変わりましたか」と聞いたそうです。すると、「そうですね〜、あんまり変わったとは思わないんだけど…。でもね、家の中が明るくなりました」と言われ、びっくりしたと嬉しそうに笑顔で話してくれました。

その話を聞いて、よかったなと思いました。勉強を教えるとかいうことではなくて、これが訪問教育の先生の役割の本質ではないか、訪問教師の醍醐味なのではないかと、今でも思っています。

そして、私がいつも心に留めていることは、「人は数えられない」ということです。クラスには何人児童生徒がいるという思いではなく、クラスには、誰と、誰と、誰がいるかということです。クラスには「ひとりひとり」がいるということです。ここに渡辺さんがいて、首藤さんがいて、吉永さんがいて、梅木さんがいて、何とかさんがいてという、数えることのできない大切な「ひとりひとり」がいるということだと思います。

インクルーシブ教育の時代になり「ひとりひとりのニーズに応じた教育」と言われるようになりましたが、その「ひとりひとり」のことばの重さを受け止めるなかで、在宅を余儀なくされている子どもたちがいることも忘れないで欲しいと思います。

本当に、訪問教育の子どもたちには、たくさんのことを教えていただき、私を育ててくれたという思いと感謝しかありません。本日は、ご静聴いただき、ありがとうございました。

講演での話を文章にいたしましたので、ことば足らずのことも多々あると思いますが、どうぞ、ご容赦下さい。

追記：ここで紹介した子どもさんたちのお話に関しましては、本学の人権研究会でお話しさせていただきたい旨を保護者の方にお伝えしたところ、保護者の方からこころよくご承認いただきましたことに深く感謝いたします。また、このような書籍になることに関しましても、ご承認いただきましたことを感謝いたします。

**【参考文献】**


渡辺実「学校がやってくる――訪問教育6年のなかから――」『発達20』57-65、ミネルヴァ書房、一九八四

渡辺実「訪問教育の子どもたちからのメッセージ」『岩波講座0巻　教育への告発』96-108、岩波書店、一九九八


（花園大学人権教育研究会第115回例会・二〇二二年五月二〇日）

# 女性と仏教をめぐる諸問題
## 龍谷大学ジェンダーと宗教研究センターの取り組み

岩田真美

### ●はじめに

本日はこのような場にお招きをいただきましてありがとうございます。そしてご丁寧に紹介をいただきまして恐縮しております。重ねて御礼申し上げます。花園大学人権教育研究センターの皆様には、平素よりお世話になっております。「龍谷大学ジェンダーと宗教研究センター」の活動に、いつもご支援をいただき、大変有難く思っております。これからも引き続き、どうぞよろしくお願いいたします。

まず自己紹介をさせていただきます。私は浄土真宗本願寺派の寺院の一人娘として生まれました。同派の宗門校として龍谷大学の方に進み、真宗学を専攻しております。浄土真宗本願寺派の僧侶でもあるんですけれども、二〇一一年に龍谷大学文学部真宗学科に特任教員として採用されまして、十年余りになります。

大学の仏教系の学科には男性が多く、私が就職した頃においては、女性の教員は私一人だけという状況でした。そうしたことから、自分の置かれている環境の中でモヤモヤすることなどもありました。そんなとき、龍谷大学アジア仏教文化研究センターの研究会で、ジェンダーに関する講演を聞く機会がありまして、他宗派の尼僧の方のお話を聞きました。

その方は、仏教界において女性の僧侶、尼僧さんが置かれている環境は、今でも八敬法が生きているんじゃないか、ということをおっしゃっていました。つまり、法要の場においても僧侶としてのキャリアが長い女性が、僧侶になったばかりの若い男性より前に座ることさえ難しい、そういう風潮があるとお話しされていました。これは別に特定の宗派の問題ではありません。私が感じていたモヤモヤも、ジェンダーに関するものでした。そしてジェンダーと宗教という問題を議論し、解決するような場はないかなというふうに思うようになりました。

このような中で、二〇二〇年四月、龍谷大学に「ジェンダーと宗教研究センター」という組織を創設するご縁をいただきました。龍谷大学が進めている「仏教ＳＤＧｓ」という取り組みがございます。この仏教とＳＤＧｓをつなぐ研究プロジェクトを支援するという学内での公募がありまして、私が応募したのがきっかけでした。

本日の講演では、はじめに、センターが創設された背景について少しご紹介をさせていただきます。次に、二〇二二年六月二八日に「仏教×SDGs×ジェンダー」というテーマでシンポジウムをさせていただいたんですけれども、この中から、特に女性と仏教をめぐる問題について発言してくださった戸松義晴さんと西永亜紀子さんのご講演の内容を紹介したいと思います。センターの取り組みはいろいろあるんですけれども、このシンポジウムでの提言は、私達のセンターの理念にとりわけ関係してくると思います。

三番目に、私の専門である浄土真宗において、女性はどのように語られてきたのかについて紹介させていただきたいと思っております。ちょっと盛りだくさんになるんですけれども、皆様、お付き合いのほどよろしくお願いいたします。

## ●龍谷大学の「仏教SDGs」の取り組みとして

それではまず一番目に、ジェンダーと宗教研究センター創設の背景について、お話しさせていただきたいと思います。

先ほど申し上げましたように、龍谷大学ジェンダーと宗教研究センターは、二〇二〇年四月に創設されました。龍谷大学は浄土真宗の精神を建学の精神としており、その精神に基づいて、同センターでは宗教による平等の理念を明らかにするとともに、そこで得られた知見によってジェンダー平等の実現に寄与することを大きな目標として掲げております。

今、龍谷大学では全学をあげて、仏教とＳＤＧｓを繋ぐ「仏教ＳＤＧｓ」を推奨しています。ＳＤＧｓの目標五には「ジェンダー平等を実現しよう」という項目が掲げられています。ジェンダーの問題は、教育や働き方、公平性の問題、そういったほかの目標の達成とも関わってくる大事な部分だと思います。また平等を説く仏教の理念を社会に実現していくためには、まず自分たちの足元が平等でなければ説得力はありません。したがってジェンダーの理念から仏教を見ていくという視点も大事であると考えております。

ＳＤＧｓ（Sustainable Development Goals）については、最近テレビなどいろんなところでよく言われるようになりましたので、皆様も耳にすることが増えておられるかと思います。ＳＤＧｓは日本語では「持続可能な開発目標」とも訳されます。二〇一五年の国連サミットで採択された「持続可能な開発のための二〇三〇アジェンダ」は一七の大きな目標と、それらを達成するための具体的な一六九のターゲットで構成されており、地球上の「誰一人取り残さない」ということをスローガンとして掲げています。また、これらの目標の達成のためには大きな変革が必要であり、変革なきところに持続可能な世界はない、ということが言われております。

それは世界の中に「取り残されている」と感じている人たちがたくさんいる、ということでもあります。ＳＤＧｓということに関して、龍谷大学では「龍谷大学ＳＤＧｓ宣言」を出しています。仏教とＳＤＧｓを繋ぐ取り組みにはどういう意義があるのかについて、龍谷大学の学長である入澤崇先生が「仏教ＳＤＧｓ宣言」（『矯正講座』第四一号、二〇二一年）と題する論文を書いてらっしゃいますので、ちょっとだけ紹介させていただきます。

いま世界では貧困、飢餓、紛争、気候変動といったいろんな問題があり、まさに危機に瀕しているわけです。人類も地球もこのままでは持続可能ではないということが言われていて、持続可能にするためには大きな変革が必要です。ＳＤＧｓはそのことを明らかにしたんだ、というふうに指摘されていらっしゃいます。貧困も飢餓も紛争も環境問題も、人間自身が危機を作り出しているのです。より便利なものを求める人間の欲望が、危機を招いているわけであって、資本主義システムそのものを見直したり変えたりしない限り、こういう危機を脱するのは難しい。つまりＳＤＧｓを実現していくためには、やっぱり一人一人の行動や意識を変えていくことが大事なのです。そして、その人間の意識や行動、生き方そのものに大きな変革を促すものは仏教であり、そこに仏教とＳＤＧｓを繋いでいく可能性があるんじゃないか、と指摘されていらっしゃいました。

人間が自己中心性というものに気づかなかったならば、欲望はどんどん大きくなっていって、他者の苦悩ということにも鈍感になってしまう。だから他者の苦悩に向き合っていく「仏教ＳＤＧｓ」というものは、多様性を重視する社会の実現ということに繋がっていく可能性を持っているわけです。

そして、龍谷大学が建学の精神とする浄土真宗の精神とは、生きとし生けるもの全てを迷いから悟りへ転換させたいという、阿弥陀仏の誓願に他ならないわけです。この誓願とは、あらゆる衆生を見捨てずにすくい取る「摂取不捨」を示すものであります。それはＳＤＧｓの「誰一人取り残さない」という理念とも相通じるものがあるのではないでしょうか。

龍谷大学では持続可能な社会を目指す上で、「自省利他」という独自の哲学を掲げています。この「自省利他」とは自己中心的なありかたをしている自分を内省し、自分の立ち位置を見つめ直しながら、社会と繋がって実践していく視点でもあります。ジェンダー問題の解決の一歩も、まずは自分自身の認識を見つめ直すこと、そして周りに苦しんでいる人はいないか、身近なところから実践していくことが必要であると思っています。

## ●ジェンダーと宗教をめぐって

ここからは、センターが目指しているところについてもう少し紹介をさせていただきたいと思います。先ほど申しましたように、ＳＤＧｓの目標の五つ目に「ジェンダー平等を実現しよう」ということが掲げられています。ジェンダーは、この項目だけではなく、教育とか働き方とか、他のいろんな課題とも直接関わってくるものです。

世界経済フォーラムが公表しましたジェンダーギャップ指数では、二〇二二年の日本の順位は、世界一四六カ国中一一六位でありました。二〇二一年は世界一五六カ国中一二〇位だったので、ちょっと順位が上がっていると感じる方もいらっしゃるかもしれません。実は、二〇二一年よりも参加した国が一〇カ国ほど少ないんです。その中で一一六位という順位なので、実際には総合点が下がっていて、二〇二一年よりも状況が悪化していると指摘されています。

男女格差の大きさを示すジェンダーギャップ指数というのは、「経済」「政治」「教育」「健康」の四つの分野ではかられているんですけれども、日本は教育や健康という面においては、割と良いほうなんです。一方で順位を下げている最大の要因は、経済と政治という分野で女性が活躍できていないということが言われています。特に政治にいたっては世界の中でワースト一〇に入るぐらいの順位なんですね。経済においては、女性の非正規雇用の問題であったり、女性管理職が少ない問題が、やはり順位を下げている要因になっています。ですので、世界から見て、日本はジェンダー後進国であるとみなされている現状があると思います。

宗教というものがここにどう絡んでくるのかと思われる方もいらっしゃるかと思います。ジェンダーとは社会、文化、歴史的に形づくられたものです。性別に関する考え方や規範、それに基づく実践の総体であると言われています。そして、宗教も文化や社会におけるジェンダーというものを形づくっていて、神とか仏といった人間を超えた存在の名のもとに、人々の考え方や行動指針というものに重大な力を与えてしまう要素なのです。

現在のアメリカにおける中絶禁止をめぐる問題にも宗教が絡んでいたりしますし、日本における女人禁制の問題というものにもやっぱり宗教が絡んできます。ジェンダーと宗教研究センターでは、ジェンダーと宗教の関係性を問い直し、社会に問題提起するという意味でも、いろいろな取り組みを行っています。

同センターでは様々な研究会を行っていますが、研究だけではなく、実践の現場に反映されるためにも、いろんな方々との連携が必要だと思います。例えば、二〇二一年には「誰ひとり取り残さない社会を目指して――老いと死をめぐる課題――」というシンポジウムを開催いたしました。介護のような分野は女性が担ってきた側面が強いわけです。これから高齢化社会がさらに進んでいくにつれ、今までは病院で死を迎える方も多かったわけですけれども、医療資源が足りなくなってくると、在宅で亡くなられる方も多くなってくるわけです。そういう中でジェンダーの課題とは何か。また、地域社会にある寺院という存在が、どういう役割を果たすことができるのか。そういった課題についてシンポジウムを開催し、社会学者の上野千鶴子さんと、浄土宗僧侶で在宅医療に取り組む大河内大博さんをお呼びして講演会を行ったんですが、このときも花園大学人権教育研究センターに後援をいただいて、非常にお世話になりました。

## ●仏教、SDGs、ジェンダーをつなぐ試み

ここからは、二〇二二年六月二八日に開催しました「仏教×SDGs×ジェンダー」というシンポジウムについてお話しします。先ほど紹介したジェンダーと宗教研究センターの成り立ちを踏まえて、身近な課題から持続可能な世界を考える上で、「仏教」「SDGs」「ジェンダー」という、非常に大事な要素が全部つまっている。そういう企画を先日開催いたしました。このときも人権教育研究センターに共催をいただき、お世話になりました。この場をお借りしてお礼を申し上げたいと思います。

このシンポジウムにおいては、仏教とＳＤＧｓをつなぐ龍谷大学の活動について、入澤学長が講演をしてくださいました。またＬＧＢＴＱ・ＳＯＧＩについて、身近な性の多様性に気づくためにはどうすればよいかについて、宗教部課長の安食真城さんが提言されました。そして、本日のテーマでもある「女性と仏教をめぐる諸問題」について、全日本仏教会の前理事長である戸松義晴さんが講演され、ＳＤＧｓおてらネットワーク代表の西永亜紀子さんが提言をされました。

西永亜紀子さんは「お寺の中のジェンダー不平等」と題して、浄土真宗ではお寺の住職さんの配偶者のことを「坊守」と言うんですけれども、坊守にはどういう課題があるのか、現場からの声をもとにご提言くださいました。

また、戸松義晴さんからは、「仏教とジェンダー――教義と現実の狭間で――」というタイトルでご講演をいただきました。仏教の教えとしては平等ということが説かれているんですけれども、実際の教団組織におけるジェンダーの現状について、具体的に数字を上げながらお話ししていただきました。

ここからは「女性と仏教をめぐる諸問題」に関するお二人の講演と提言を紹介しながら、教義と現実の狭間で、どのような課題があるのか、皆さんと問題を共有したいと思います。

## ●寺院におけるジェンダー問題

まず、現場からの声として「お寺の中のジェンダー不平等」と題してシンポジウムで発信してくださった西永亜紀子さんの提言の内容をご紹介します。西永さんは元々ジェンダーの問題に関心を持っておられ、そこからSDGsについて取り組まれるようになられたそうです。宗派を超えた「SDGsおてらネットワーク」を組織され、その代表も務めていらっしゃいます。そして築地本願寺の職員でもあり、築地本願寺のSDGsのプロジェクトリーダーも務めていらっしゃいます。

西永さんは浄土真宗の寺院において「坊守」を二〇年間務められ、その中で実際に経験されたことについてお話しくださいました。

いくつかのエピソードを語ってくださったんですけれども、例えばお寺のトイレ掃除。お寺には一般の家庭と違ってたくさんトイレがあるんですね。それまである門徒さんのご夫婦の方が掃除をされていたそうなんですけれども、高齢になって掃除ができなくなってしまいました。そこで、お寺の門徒さんたちが集まった会議の中で、今後トイレ掃除を誰がやったらいいかという問題になりました。すると、会議の中で「坊守がすればいいじゃないか」というような発言を受けられたんだそうです。夫である住職ではなく、坊守がするように言われる。つまり、裏方の仕事は坊守である女性がやるものだと決めつけられてしまう。そこにアンコンシャス・バイアス、すなわち無意識の偏見のようなものを感じられたとおっしゃっておられました。

さらに他のエピソードとして、仏教壮年会での出来事についても教えてくださいました。コロナ前の話になりますが、お寺で仏教壮年会の会議をするときには、会議の後に食事会があったりしたんですけれども、その準備にはやっぱり女性が駆り出されるという状況がありました。あるいは法要の際のお斎ですね。法要の後の食事会のことを「お斎《とき》」と言ったりしますが、その準備や接待、後片付けまで、女性の仕事という現状がありました。仏教婦人会の方であったり、坊守さんたちが集まって、そうした仕事をしていたのです。

最近では、会社で女性にお茶出しを強いるのはジェンダーハラスメントだと言われるようになっています。自ら進んでする場合はいいんですけれども、「強いる」ことが問題なわけです。それなのに、やっぱりお寺の中ではそれが当たり前と言われているのが現状です。何て言いますか、お寺の中の性別役割分担が今でも固定化されているというか、当たり前のようになってしまっている部分があって、それはまるでジェンダー後進国の日本の縮図のようだ、と西永さんは指摘されていらっしゃいました。

他にも次のような体験談をお話しくださいました。仏教の子ども会、少年連盟と言うんですけれども、そこでの出来事です。西永さんが少年連盟の委員長に選出されたのですが、しかしながら条件付で、「ご主人の許可が下りたらいいですよ」と言われた。なぜ意思決定をするのに、住職である夫の許可がいるのか。住職の場合は許可がいらないのに、坊守の場合はなぜいるのか、というわけです。またそこで、「子どもは誰が見てるの」とか、「母親だから夕方や夜の会議は出られないはずじゃないか」とか、「女性の委員長というのは初めてだから茨の道だしやめときな」とか、そういったことを言われたとお話しくださいました。

先ほども申し上げましたように、世界的に見て日本はジェンダーギャップの改善が遅れていることが指摘されて久しいわけです。しかしながら、一般社会では少しずつこのようなジェンダーロールの押し付けについては変化しつつあります。一方で、なぜ仏教界や伝統的な社会というところでは、こういったことが何十年も変わらないのか。本山でもそうですけれども、やっぱり寺役員とか、そういう意思決定の場が男性で埋められていて、その場に女性がいない、あるいは圧倒的に少ない。このような状況があるから、なかなか変わらないんじゃないかということをご提言くださいました。

西永さんのご提言に関連して、最近『浄土真宗のお寺の奥さん50人に聞いた　お寺のリアル』という本が出て、私も購入しました。お寺の坊守さんたちが悩みを共有する場、発信する場があまりなかったので、ＳＮＳで交流ができるオンラインコミュニティ、匿名で参加できるサロンというのを立ち上げられたわけです。そこで集まった体験談やアンケート結果をまとめて、書籍化されたものです。「寺嫁入門書」というキャッチコピーがついて出版されています。

この本には坊守さんたちがお寺の生活の中で感じたこと、自らの体験談について、「時代錯誤な性別役割分担がある」「跡継ぎを期待されて圧をかけられる」というようなこともリアルに書かれています。お寺が家族経営であるが故の悩みというものも多いと思います。この本には漫画も収録されているんですが、そこでも周りから「後継ぎは男の子がいい」ということを言われたり、結婚後はすぐに「おめでた？」って聞かれて「別にちょっと太っただけだけど」と思ったりした、そういったエピソードも描かれています。それは普通にハラスメントですし、人権問題だと思うんですが、お寺に限らず、伝統社会の中ではジェンダーが語りづらいような状況があるのではないかと思います。その伝統や風習が「当たり前」とされてしまい、人権問題としてなかなか認識してもらえない。そういう課題があるんじゃないかということを強く思いました。

## ●仏教界とジェンダーギャップ

次に、全日本仏教会の前理事長である戸松義晴さんから、仏教教団の課題についてご講演いただいたので、紹介させていただきます。

戸松義晴さんは浄土宗の僧侶でもありまして、浄土宗総合研究所の副所長も務められていらっしゃいます。ハーバード大学大学院の神学校で学ばれたという経験もあり、広い視点から仏教について見ておられます。実際に、仏教界の現状のデータを示しながらご講演くださいました。

全日本仏教会に所属する主な伝統仏教十宗派（曹洞宗、浄土真宗本願寺派、真宗大谷派、浄土宗、日蓮宗、高野山真言宗、臨済宗妙心寺派、天台宗、真言宗智山派、真言宗豊山派）で約六万のお寺があり、全体の八割を占めています。この主要十宗派のデータで仏教界のおおよその動向がつかめるだろう、ということで現状を示してくださいました。住職の資格を持つ人たちのことを「教師」と言いますが、十宗派における教師の男性と女性の割合を示していただいたんですけれども、大体九割近くが男性で、女性が一割前後という割合になっているそうです。

また、各宗派の本山にあたる宗務庁の職員について、全日本仏教会の調査では、その男女の割合は、男性の職員が七三％で、女性の職員が二七％ぐらいでした。さらに問題なのは、それぞれの教団の意思決定機関としての宗議会の議員の男女の割合というのが、男性議員の割合が九八％なのだそうです。つまり女性議員が、わずか二％だということを指摘されていらっしゃいました。

先ほどの西永さんの体験談の中にもありましたように、やはり意思決定の場に圧倒的に女性が少ないという現状があります。日本の国会などでも女性議員の割合が少ないことが指摘されていますけれども、それよりもさらに仏教界では少ないという現状があります。こうしたところを変えていかないとジェンダーの課題もなかなか解決しないんじゃないかと思います。

また戸松義晴さんは、本来平等を説くはずの仏教から、差別戒名の問題や、ハンセン病、女性差別、戦争協力、民族問題など、差別が生まれてしまったのはなぜかということについて、花園大学の佐々木閑先生のご論文「初期仏教教団における差別的要素」（『花園大学人権論集』第二集）を取り上げながらお話をしてくださいました。

その中で、仏教の平等性というものが、世俗の世界に適用され社会に影響を及ぼす反面で、「逆流する」ことがあると説かれていました。例えば、女性のままでは仏になれないという考え方が仏教の展開の中で出てきます。大乗仏教では在家者も仏になれるという考え方が出てくるわけなんですが、しかしその途中で、仏になるためには男にならなければならない、女性の身のままでは往生できないという説が出てきます。変成男子説と言うんですけれども、これは元々世俗の世界にあった男尊女卑の考え方が「逆流」して悟りの道の中にも適用された、と指摘されています。こういった説は、釈尊が亡くなった後に、仏教の歴史的展開の中で出てきたと言われています。

私からも、そのあたりの歴史について少し解説を加えておきたいと思います。

## ●仏教史における女性像の変遷

仏教を開かれたお釈迦様は、カースト制度を否定し、生まれではなく行いを問いなさい、ということを言われて、平等を説かれたわけです。けれども、釈尊が亡くなられた後の仏教の歴史的展開の中で、だんだん仏陀は男性であるという観念が表れてきます。例えば、仏陀がそなえている身体的特徴としての三十二相の中には男性しか持ち得ない特徴がみられますし、五障説のように、女性は梵天王や帝釈天、魔王、転輪聖王、仏陀の五つになれない、といったことが説かれるようになっていきます。もちろん、釈尊は性差を問わず、女性にも悟りの可能性があると説かれたわけなんですけれども、釈尊が亡くなられた後にこういった考え方が広まっていきます。

先ほどご紹介した佐々木閑先生のご論文の中でもご指摘があったように、大乗仏教の展開の中で、変成男子説のようなものが出てくるわけです。例えば『法華経』「提婆達多品」では龍女の成仏が説かれていて、つまり仏になることができないと言われた「五障」の女性が、女性の身のままでは仏になれないため、男性になってから成仏する、という変成男子説が出てまいります。

浄土真宗においても、浄土三部経として重視されている『無量寿経』の中にも出てまいります。『無量寿経』の中では、阿弥陀仏の四十八願のうち、本願と言われる第十八願で、一切の衆生の浄土往生ということが説かれています。しかしながら第三十五願においては、「たとひわれ仏を得たらんに、十方無量不可思議の諸仏世界に、それ女人ありて、わが名字を聞きて、歓喜信楽し、菩提心を発して、女身を厭悪せん。寿終りての後に、また女像とならば、正覚を取らじ」と説かれています。これはつまり、女性の身のままでは往生しませんよ、ということが説かれているわけです。親鸞はこれを「変成男子の願」と呼ばれています。

こうした思想が、どういうふうに日本に入ってきたのか、ここから日本仏教の展開についてもお話ししておきたいと思います。

日本に仏教が伝来した当初は、実は女性の僧侶が大活躍していた時代であったと言われています。そのとき、最初の出家者は女性であったと言われています。それは善信尼という女性をはじめとする、三人の女性たちだったと伝えられています。善信尼たちは、仏教を学ぶため百済に留学をしました。そして日本に帰ってきてから、多くの尼僧たちを指導したとされています。

それが、奈良時代の頃からだんだん変わってきたと言われています。国家的な法要が男性の僧侶のみで行われるようになっていき、尼僧や尼寺の地位も少しずつ低下し始めます。それは、律令体制の導入もあり、朝廷の中で男性は官人、女性は宮人というふうに性別によって役割が分けられるようになって、統括的な権限は男性にしかない、という体制になってきた。政治や文化の面で女性の活動が制限されていくという時代背景が関わっていると思われます。

日本では、先ほどご紹介した五障説、変成男子説は、平安時代の頃になって入ってきたと言われています。そこには日本の中で独自の展開を遂げている部分もあって、神祇信仰における不浄としての「ケガレ」という忌避観念と結びついて発展していくことになります。

当初の「五障説」は、経典の中で、女性が梵天王、帝釈天、魔王、転輪聖王、仏陀というこの五つになることができないという意味でした。経典がインドから中国で漢訳されるときに、この五つに「障」という字が当てられます。その後、日本に中国から漢訳された経典が入ってくるとき、日本ではこの「五障」というのが、「五つのさわり」と訓じられることになります。そのため「さわり」という女性に内在する煩悩や罪障といった意味に解釈されて、五障説が流布されていくようになっていきます。何故ならば、日本語の「さわり」という言葉は、「月経」も意味していたからです。そのために、本来は女性のみに付属するものではなかった「血穢」というものが女性の穢れへと転化して、女人不浄観と結びついて展開していくことになります。

日本独自の展開も遂げながら、こうした思想が日本の中に根付いていきます。そして、聖域への女性の立ち入りを禁ずる「女人禁制」のような習俗も形成されていきます。

## ●浄土真宗と女性

ここからは、私の専門としている浄土真宗の展開についても、お話しさせていただきたいと思います。教団や教学の歴史の中でどういう課題があるのか、時間の制約もあるのでざっくりした話にはなりますが、紹介してみたいと思います。

浄土真宗の宗祖でもあります親鸞の『浄土和讃』の中に、「弥陀の大悲ふかければ　仏智の不思

議あらはして　変成男子の願をたて　女人成仏ちかひたり」と説かれている和讃があります。この和讃には、親鸞が「これは三十五願の心である」と意味を書き込んでおられます。これはさきほどご紹介しました『無量寿経』の第三十五願のことで、これを「変成男子の願」と呼び、そこには「女人成仏」が誓われているというふうに解釈しておられます。

さらに、親鸞の『高僧和讃』の中に、「弥陀の名願によらざれば　百千万劫すぐれども　いつつのさはりはなれねば　女身をいかでか転ずべき」という和讃もあります。ここでは「五障説」が、「五つのさわり」として解釈されています。もちろんこういった「五障説」や「変成男子説」は鎌倉時代の仏教界の中で結構流布していたので、その影響もあったかと思います。

しかしながら、親鸞は『教行信証』の「信巻」の中では、「おほよそ大信海を案ずれば、貴賤緇素を簡ばず、男女老少をいはず、造罪の多少を問はず」と説かれています。阿弥陀仏の救いというのは、すべての人を区別することなく、一切衆生が等しく救済されていく、ということを述べておられる箇所もあるわけです。親鸞は上述した和讃以外で「女人往生」について特別に言及している箇所はなく、阿弥陀仏の誓願は、男女区別されることなく、等しく救済されていくものであると述べられている部分のほうがむしろ多いとも言えます。

ところが「女人往生」の問題は、親鸞以降の展開の中で、次第に強調されていく側面もあります。これを正面から取り扱ったのが、本願寺第三代宗主の覚如の息子であった存覚が著した『女人往生聞書』という書物です。この中では女性の罪障がいかに深いのかということが、いろんな経典を引用しながら解釈されています。そこには、例えば「あらゆる三千界の男子のもろもろの煩悩をあわせあつめて、一人の女人の業障とする」とか、「女人は大魔王なり、よく一切の人をくらう」とか、「女人は地獄のつかいなり、ながく仏の種子をたつ」というように、女性の罪深さが強調されているんです。そして、女性は罪深い存在で疑いも深いことから、阿弥陀仏の本願に対して疑いの心が起こるというのです。このため『無量寿経』には第十八願によって全ての衆生を救うと誓われているけれども、別して第三十五願を立てて「女人往生」を説いたのだと主張されています。

もう少し時代をくだっていくと、本願寺の中興の祖とも言われている第八代宗主の蓮如も、存覚の『女人往生聞書』の説などを受けながら、『御文章』(『御文』)の中で、女人というのは「罪ふかき五障・三従とてあさましき身」である、と説かれています。『女人往生聞書』や『御文章』には、親鸞の著作には出てこなかった「三従説」というものが出てきます。「三従」とは、女性は幼いときは父に従って、結婚してからは夫に従って、夫が亡くなった場合は息子に従うべきであるというものです。三つに従うと書いて「三従説」と言うんですけれども、女性は「決して独立を享受すべからず」とさえ言われます。

一方で、蓮如の時代には女性だけの集まりである「女人講」というものがありまして、そういう女性だけの集まりに向けて、蓮如は法語のお手紙である『御文章』を書いて、そこで女人の救済について語るという面もありました。女人講は近世以降も発達して、女房講とか、尼講といった講が各地にできていきます。さらに近世後期には全国の女人講を統一する組織として「最勝講」が結成され、これが近代以降には仏教婦人会へと発展していくことになります。

真宗本願寺派（西本願寺）の仏教婦人会は、明治時代以降、はじめは東京を中心として、各地の有志によって創設されていきます。当初は築地本願寺で開催された「令女教会」のように、貴婦人たちが集まる会だったようです。こうした活動が本山主導で行われるようになるきっかけとして、戦争が関わっています。女性信者の組織化が教団において強化されるのは、日露戦争の勃発により、明治政府が挙国一致体制を命じ、日本各地に愛国婦人会というものが結成された動きと関係します。この動きに本願寺派も応える形で、一九〇四（明治三七）年には、全国の女性信徒を統一する組織として「真宗婦人会」が結成されました。そして一九〇七（明治四〇）年に、真宗婦人会は「仏教婦人会」と改名され、本山に仏教婦人連合本部が設置されることになります。

本願寺派で女性の僧侶が公式に認められるようになるのも、そんなに昔のことではなく、一九三一（昭和六）年に初めて認められたと言われています。同年九月一六日に、本願寺派では第一回女性僧侶の得度式が行われ、一二三名の女性僧侶が誕生しました。それは満州事変の発端となる柳条湖事件がおきる二日前のことであったわけです。

そして女性の住職というものが認められたのは、戦後のことと言われています。そこにもやっぱり戦争が関わっていて、太平洋戦争において住職さんが戦死されるという事態に直面し、門徒さんたちがお寺に住職さんがいないということを心配して本山の方に働きかけられたようです。

一方で、これは最近のことなんですが、仏教婦人会の行事が行われる際に「綱領」というものが読み上げられるんですけれども、本願寺派ではその「綱領」が、ジェンダーの視点から改定になったということを紹介しておきたいと思います。

「旧綱領」は「私たち仏教婦人は真実を求めて生き抜かれた親鸞聖人のみあとをしたい　人間に生まれた尊さに目覚め　深く如来の本願を聞きひらき　み法の母として念仏生活にいそしみます　一、ひたすら聞法に努め　慈光に照らされた日々を送ります　一、念仏にかおる家庭をきずき　仏の子どもを育てます　一、世界はみな同朋の教えにしたがい　み法の友の輪を広げます」というものでした。ここで「み法の母として」とか、「念仏にかおる家庭を築き」とか、「仏の子どもを育てます」といった表現が問題になりました。やっぱりこういう表現は女性の多様な生き方、あるいは多様な性のあり方というものを妨げてしまう可能性もあるんじゃないか、ということが指摘されて、ジェンダーの視点から二〇一八年に改定されました。そういう動きも最近になって出てまいりました。少しずつではありますが、教団においてもジェンダーが意識されるようになってきたわけです。

## ●東本願寺の人権週間ギャラリー展とジェンダーの課題

最後に、東本願寺（真宗大谷派）で最近起こった問題について、取り上げたいと思います。東本願寺において二〇一八年一二月六日から二〇一九年二月一五日にかけて、「経典の中で語られた差別「是旃陀羅」問題と被差別民衆の闘い」という企画展が開催されました。その展示において、世界人権問題研究センターの嘱託研究員である源淳子さんが準備された女性差別に関するパネルが、同派の意向で展示されなかった、という問題です。これはメディアでも取り上げられました。

例えば、朝日新聞デジタル（二〇一九年六月一八日配信）には、「女性は仏になれない…仏典に残る性差別」という見出しで掲載されています。その記事の一部を読ませていただきます。

＃Ｍｅｔｏｏ運動や大学入試における女性差別の表面化というのを機に、ジェンダー平等の意識が改めて高まる中、仏教界でも差別との向き合い方が問われている。受け継がれてきた経典には、現代の目で見ると、差別的な記述がある。教えをどう捉え、現代社会とどう折り合いをつけていくのか。各地の住職らによる模索も始まっている。

外されたパネルは、女性は修行しても仏になれないとする「女人五障」、女性は親、夫、子に従うべきだとする「三従」の教えのほか、女性は男性に生まれ変わって成仏できる「変成男子」思想を紹介するもので、現代の目線で見ると差別的な内容だ。古代インド社会の女性差別観が仏教に流入したものという。

この経緯について、少し説明させていただきたいと思います。真宗大谷派の人権週間ギャラリー展において「経典の中で語られた差別「是旃陀羅」問題と被差別民衆の闘い」というテーマで企画展が行われ、その内容は「第一部　解放運動からの問いかけ」、「第二部　経典に表された被差別民」、「第三部　インド被差別民衆――差別への闘い」、「第四部　経典に表された女性差別」という四部からなる企画でした。

この「経典に表された女性差別」の監修者の一人として源淳子先生は依頼を受けられたわけです。

そして、大乗経典から現代の問題に至るまで七枚のパネルを準備されました。

しかし、企画展開催の前日に大谷派の総長が視察に訪れられ、源淳子さんたちが準備されてきた七枚のパネルのうち、三枚のパネルを取り外すように言われました。取り外すことになったパネルは、一つ目は『涅槃経』、『大智度論』、『浄土論』における「女人五障の教え」に関するもの、二つ目は『法華経』、『無量寿経』、親鸞の『浄土和讃』にみられる「変成男子の思想」に関するもの、三つ目は存覚の『女人往生聞書』、蓮如の『御文書』、『親鸞聖人正明伝』にみる「罪深い存在とみなされた女性」に関するパネルでした。

そして、真宗の教義とは直接関係がないような、「女人禁制」として土俵上、だんじり、祇園祭の鉾の上の写真などのパネルは外されなかったんだそうです
人権週間ギャラリー展において、直前に視察した総長の判断によって、外されたパネルは浄土真宗の教えに関わるものであり、要は「経典に表された女性差別」という、企画の根幹に関わるものを外すように言われたわけです。「外す、取り消すというのは表に出さないことであり、ないものとすることである」として監修者の源淳子さんたちは、その後、公開質問状を提出されました。

そして、大谷派総長より「公開質問状に対する回答」として次のような応答があったそうです。

「このたびの人権週間ギャラリー展の企画段階において、展示項目の一つに「経典に表された女

性差別」を取り上げ、準備を進めていただいておりましたが、宗派として、教学、文献学、歴史学等の見地による議論が十分に深まっていない現段階において、宗派の責任のもとで展示を行うことは、時期尚早であると判断し、一部展示を差し控えさせていただきました」

私もここまでお話ししてきましたように、女性と仏教に関する研究は、「女人五障説」「変成男子説」にしても、すでに先行研究があり、本格的には一九八〇年代から研究が続けられてきたわけです。しかし教団においては「十分に議論が深まっていない」「時期尚早である」という見解なのです。これでは女性の問題を人権問題として正面から取り上げることを避けていると受け取られてしまうのではないでしょうか。

後に源淳子さんは『仏教における女性差別を考える――親鸞とジェンダー』（あけび出版、二〇二〇年）という本を出版され、これらのいきさつを公表されています。この本には伝統や宗教におけるジェンダー問題の難しさ、そして現状における多くの課題も指摘されています。

## ●おわりに

先ほども申し上げましたように、仏教教団の中では女性やジェンダーの問題が十分に議論されてこなかったように思います。ＬＧＢＴＱ、多様な性のあり方を含め、人権問題として取り上げていく必要性があるでしょう。ジェンダーに取り組むことは、男性の生きづらさを解消することにもつながると思います。

また、キリスト教ではフェミニスト神学というものが提唱されましたが、仏教の中でも一九九〇年代にフェミニスト仏教学という提唱がありました。しかしバックラッシュの動きもあったりして、仏教ではこうした研究が活発にはなりませんでした。その要因として、仏教学や宗学を専門とする女性研究者が非常に少ないということが挙げられると思います。ただでさえ就職が難しいのに、こうした研究をすると余計に就職が難しくなるんじゃないかと不安を感じる女性の研究者もいらっしゃいます。やはり学問の分野でも、意思決定の場に女性が少ないという問題があると思います。

一方で、ジェンダーの視点からの仏教研究は、これまで語られてこなかった新たな仏教の姿を発見する、可能性がある分野だと思います。問題解決のためには、多様性を受け入れること、誰もが自由に議論できるような環境が必要だと思います。龍谷大学ジェンダーと宗教研究センターの活動の中で、開かれた対話の場を築いていけるとよいなと考えています。

仏教研究の知見からジェンダー平等の実現に取り組むためにも、まずは自らのありようが改革されてこそ、本当の意味で仏教が説く平等の理念が社会に伝わると思います。自らを内省して、そこからアクション、実践に繋げていく。それがひいては「仏教ＳＤＧｓ」の推進にも繋がっていくだろうと思います。

また、ＳＤＧｓには「パートナーシップで目標を達成しよう」という項目があります。ジェンダー平等の実現を目指して活動されている研究者、人権問題に取り組まれている実践者など、いろんな人たちが力を合わせてこそ、目標が達成できるのです。龍谷大学ジェンダーと宗教研究センターは、花園大学人権教育研究センターと連携しながら、同じ仏教系の大学として、ジェンダーや人権問題の解決に共に取り組んでまいりたいと思っております。これからもご指導の程どうぞよろしくお願いいいたします。

本日はこのようなご縁をいただきまして、誠にありがとうございました。

(花園大学人権教育研究会第116回例会・二〇二二年七月一五日)

# 文学作品におけるハンセン病表象
## 松本清張『砂の器』を中心に

高橋啓太

### ●はじめに

ご紹介にあずかりました日本文学科の高橋です。今日はよろしくお願いいたします。私は今ご紹介いただきましたように、本学の日本文学科所属で近現代文学を専門分野としております。

ハンセン病に関する専門的な知識を持っているわけではありませんし、またその差別の歴史などについて精通しているわけでもございません。また文学研究としましても、ハンセン病と文学ですとか、病と文学といったことを研究テーマにしているわけではありません。

ですので、今回人権教育研究センターの例会という場で、このようなテーマで講演させていただくのは恐縮なのですが、現在他大学の先生方との共同研究で、震災ですとか疫病といった危機がミステリー作品にどのように描かれているのかという問題に取り組んでおりまして、私はその共同研究の一環として、松本清張の『砂の器』に注目しているところです。本講演ではその研究を踏まえまして、『砂の器』に関する考察をしてみたいと思います。

『砂の器』に関する話に入る前に、講演の前半では近代日本におけるハンセン病政策ですとか、近代文学におけるハンセン病表象について触れておきたいと思います。

## ●近代日本におけるハンセン病政策

まず最初に確認したいのは、近代日本におけるハンセン病政策なのですが、こちらに入る前に、ハンセン病という病気について口頭で簡単にご説明いたします。

ハンセン病は、らい菌という菌に感染して起きる感染症です。皮膚や神経を侵します。外見に症状が出てしまうため、古くから忌み嫌われる病気でした。

インドでは、紀元前二〇〇〇年の人間の骨からハンセン病の特徴が確認されたそうですし、やはり紀元前のエジプトのミイラからもハンセン病の存在がDNAレベルで確認されたというように、極めて古い時代からあった病気ということになります。

日本でも、奈良時代の『日本書紀』に、白い癩と書いて「白癩」という病名の記載がありまして、病状の記載からしてハンセン病のことであろうと言われているようです。こちらも古典文学の方の範疇になってしまいますが、日本でも古い時代からこのハンセン病というものが存在したという記録があるようです。

またハンセン病という病名は、一八七三年にノルウェーの医師アルマウェル・ハンセンがらい菌を発見したことからついた名称です。近代日本ではらい病という言葉の方がよく使われていますし、「レプラ」ですとか「かったい」というような言葉も使われていました。

では、時系列順に日本のハンセン病政策を説明させていただきます。

まず、一九〇七（明治四〇）年に「癩予防ニ関スル件」という法律が定められます。これは当時、差別などのためにどこにも定住できないハンセン病患者が多かったため、放浪患者を療養所に隔離させることを定めた法律で、全国五ヶ所に公立の療養所が開設されました。

その後昭和に入り、一九三一（昭和六）年に「癩予防法」が制定されます。この法律は「癩予防ニ関スル件」を大幅に改正し、全てのハンセン病患者を療養所への隔離対象とする法律です。つまり家族と同居しているような在宅患者も隔離されるようになったということです。

またこの法律と前後して、「無らい県運動」というものも始まりました。これは各県の中で在宅患者を療養所に強制収容し、ハンセン病患者を県内から一掃しようという運動です。先の「癩予防法」もそうなのですが、これは当然そのハンセン病患者の方の人権などは全く考慮していない動きであったと言えます。

また、「無らい県運動」「癩予防法」の制定より前にハンセン病患者の断種・堕胎も行われております。これについてはちょっと後でまた説明いたします。

次に、戦後の動きです。戦後、「癩予防法」を改定した「らい予防法」が制定されます。当時の新聞記事などを見るとカタカナで「ライ」と書いてあるものもあるのですが、一応ここではひらがなといたしました。この時期には、ハンセン病治療に効果的な薬のプロミンというものが開発されていまして、世界的には投薬治療が進められていく時代です。しかし、日本ではそういう時期にあっても、まだ患者の人権を無視した強制隔離政策が継続されることになります。

人権無視といいますと先ほどちょっとだけ触れましたけれども、一九一五（大正四）年から行われていた患者への断種があります。なぜそのようなことをやったかと言いますと、当時ハンセン病は遺伝すると考えられていたという理由によります。男性患者のパイプカット、女性の患者が妊娠した場合には中絶するというようなことが行われていました。

もちろんこれは強制的なものでして、例えば療養所に入っている患者同士が結婚するということ自体はできたようなのですが、その場合の条件として断種がありました。つまり子どもができないようにしなければ結婚できない、というような条件が療養所内では課されていたというような話を、いろいろな資料を読んで私も知って、非常に驚いております。

また、すでに妻が妊娠している場合は、例えば妊娠九ヶ月というような時点でも堕胎手術が行われたと言います。非常に危険な段階なのですが、そのような時期でも強制的に堕胎手術が行われていたわけです。

すでにプロミンという治療薬が発見されていた一九四八（昭和二三）年には、優生保護法という法律もありました。こちらの方にはやはりハンセン病患者を断種・堕胎の対象とするという文言がありました。この法律が廃止されるまで、つまり戦後の長い間もハンセン病患者の方々への断種や堕胎が行われ続けたということです。

戦後に制定された「らい予防法」が廃止されたのは、一九九六（平成八）年です。そして二〇〇一（平成一三）年、実際に隔離されていた患者らが起こした「らい予防法」違憲国家訴訟で国の敗訴という判決が熊本地裁で下されます。これに対して国の方が控訴しなかったことで判決が確定しました。

私はその当時まで、正直言いますとハンセン病に関する出来事とか問題というのはほぼ全く知りませんでした。全く勉強もしていませんでしたし、全くわからなかったんですが、国が控訴しないということはニュースになりまして、当時小泉純一郎総理が控訴しないと記者団に対して言っていたのを、今でもちょっと覚えています。そのとき初めて、日本の近代以降にこういうことがあったのか、というのを知った次第です。

このように、二〇〇一（平成一三）年になってようやく日本のハンセン病政策の過ち、強制隔離の過ちというものが法的に認められたわけですが、この判決から二年後の二〇〇三（平成一五）年には熊本県黒川温泉のホテルが、宿泊予約をしていたハンセン病療養所の団体客の宿泊を拒否するという問題が起きています。

ホテル側は、予約の段階では団体客がハンセン病患者だとわからなかったそうで、患者だとわかるや否や他の宿泊客の迷惑になると言って、一方的に宿泊を拒否したということのようです。こちらも当時ニュースになっていたのかもしれませんが、私は全く記憶がなく、いろいろ調べている段階で初めて知りました。ただメディアでも多く取り上げられたようで、ホテル側は後で謝罪をしております。

ただし、これもちょっと資料を読む限りですけれども、ホテル側を支持するような意見も多く寄せられたということです。もう二一世紀に入っているということになりますが、差別意識の根深さというものを感じずにはいられません。以上が本当に簡単にではありますが、近代日本のハンセン病政策とその最後ということを確認する段階です。

## ●近代文学とハンセン病

では、次に近代文学とハンセン病に関して見ていきます。こちらは大きく二つに分けました。

最初は、実際にハンセン病に罹患した作家の文学です。先に説明しましたように、一九三一（昭和六）年からハンセン病患者は「癩予防法」によって、強制的に療養所に収容されることになります。ですので、ハンセン病患者の文学というものも療養所の中で生まれました。

現在では、花園大学の図書館にもあるのですが、ハンセン病文学全集という著書も刊行されておりまして、数多くの小説・詩・短歌などを読むことができます。ただこの講演では、ハンセン病文学として名高いもの二編をあげるにとどめたいと思います。ご了承ください。

一つ目は、北條民雄の「いのちの初夜」（『文學界』一九三六年一月）という作品です。北條はハンセン病文学の先駆者であり、いわゆるハンセン病文学というカテゴリーがあるとしたら、最も有名な作家と言ってよいと思います。「いのちの初夜」という作品は、この北條自身が東京都の療養所に入所した日のことをもとにした作品で、文壇に大きな衝撃を与えました。

北條民雄は結核にかかりまして、この「いのちの初夜」を発表した翌年、一九三七（昭和一二）年に二三歳で亡くなってしまうのですが、実はこの名前はペンネームでして、本名はずっと公開されていませんでした。しかし、二〇一四（平成二六）年に公開されまして、七條晃司《しちじょうてるじ》という本名であるとわかっています。

「いのちの初夜」についてなのですが、冒頭で主人公の尾田が療養所に入所します。尾田は療養所の外で自殺しようとしますが失敗し、すでに入所していて症状の進んでいる佐柄木という人物からメッセージを伝えられます。それは、この療養所にいる患者たちは「人間ではありませんよ。生命です。生命そのもの、いのちそのものなんです」というものです。尾田はこの言葉を聞いて、作品の最後で「自殺しようと思ったけれども、やはり生きてみることだ」と決意して作品が終わります。

この当時、一九三〇年代半ばはマルクス主義運動が全盛期を過ぎた時代なのですが、そういういわゆる思想ですとか革命の理念ですとか、そういったものがほとんど意味を持たない世界に尾田という人物が投げ込まれ、生きていこうと決意をするという孤高の姿が描かれている作品だと言えます。

次は、島比呂志の「奇妙な国」（『火山地帯』一九五九年一二月）という小説です。こちらは戦後の作品です。島比呂志は戦後にハンセン病を発症し、療養所に入りました。また先ほど触れましたハンセン病の国家賠償訴訟の原告団にも入っていた人物です。

この「奇妙な国」の冒頭には、「どのような国、つまり資本主義の国にしろ社会主義の国にしろ、すべての国がその目標を発展ということに置いているのに反して、この国では滅亡こそが国家唯一の大理想だということだ」とあります。予備知識がないと、ここで説明されている「この国」とは何なのかがよくわかりません。

言うまでもなく、この作品はハンセン病療養所を「奇妙な国」に見立てて語っています。後に続く、「日本帝国政府は、この国の人々が持っている「滅亡の虫」を恐れ、この国の人々が日本国内に侵入しないことと、子孫をつくらないために男性の精管を切りとることを条件に、永久に衣食住と医療を保障する」という部分からもそのことは明らかです。

ハンセン病文学につきましては近年、荒井裕樹さんという二松学舎大学にいらっしゃる先生が『隔離の文学　ハンセン病療養所の自己表現史』（書肆アルス、二〇一一）という著作を刊行しておりまして、北條民雄や、戦時中の戦時体制の中で国家に貢献できないことを嘆くハンセン病患者の死などを取り上げまして、自己表現としての文学という観点から、文学研究そのものを捉え直そうという試みを行っています。こちらの著作では松本清張を論じているわけではありませんので、特にこの後取り上げることはしませんけれども、私もこのご著書を読んで大変感銘を受けました。

次に近代文学に描かれたハンセン病のなかで、いわゆる患者ではない作家による作品に触れてい

きます。近代文学の少なくない数の作品にハンセン病ですとか、ハンセン病患者が描かれていると
いうことがあると思うのですが、ここでは二作品のみ紹介いたします。

一作目は、幸田露伴の「対髑髏」(『日本之文華』一八九〇年一〜二月)という短編です。この作品では、作家と同じ「露伴」という人物が、人々からの注意を顧みずに冬山に入ります。ですが案の定足を怪我して、履物の紐も切れるという状況になります。困っていたところ、山の中に小屋があったので立ち寄ります。するとそこに、お妙という若い女性が一人で住んでいました。その小屋には布団が一枚しかなくて、一緒に寝ましょうというふうにお妙は露伴に言います。露伴は若い女性といきなり一枚の布団にくるまって寝るということができず、そのうちに彼女の話を聞くことにします。

その話の内容というのは長すぎますのでここでは引用できません。かいつまんで口頭でご説明しますと、お妙の両親はすでに亡くなっています。先に父親が亡くなり、その後は母親と一緒に暮らしていました。その母親も結局亡くなるわけですが、母親は亡くなる前に、書き置きを入れた黒塗りの小箱を残します。ですから物語の時間でいうと、お妙は母親の死後、その書き置きをすでに読んでいるということになります。露伴は、その書き置きはどういった内容なんですかと聞きますが、お妙は詳しい内容は答えず、ただ「世を捨てよ」という教えが書いてあるだけだというふうに言います。

翌朝、露伴が目覚めます。するとお妙はどこにもいなくて、お妙どころか小屋もなく、足元に髑髏が一つあるだけでした。露伴はここで髑髏を土に埋めて「南無阿弥陀仏」と唱え、そして山を下

りまして、温泉宿の主人に、この山に若い女性が入っていきませんでしたかと聞きます。それに対する温泉宿の主人の答えは、非常に古い作品ですのでちょっと読みにくいところもありますが、要するに主人が言っているのは、確かに山に女が入っていった、その女の容貌は非常におぞましいものであったということです。これは、お妙がハンセン病にかかっていたことを示しているわけです。何と言いますか、およそ人間ではないものを説明するような語りになっています。

明治時代の衛生環境ですとか医療水準の違いもあったでしょうが、それにしても現代の感覚から言いますと、ハンセン病に対する偏見に満ちた説明ではないかなと思わずにはいられません。ところで、「対髑髏」の中で最初にお妙が登場する場面では、「後光さす天女の如く、その色の皎さ、その眼のぱっちりとしたる、［中略］美しさ人にあらず」というようにお妙の美しさが描かれています。ここで語られている神々しいまでの美しさと、温泉宿主人から語られるお妙の容貌が対比的に描かれているという特徴が読み取れます。

では、次の作品です。島木健作「癩」（『文学評論』一九三四年四月）という作品です。島木健作は、昭和初期に左翼運動に参加した作家です。しかし左翼運動で検挙されて転向、つまり左翼の思想を捨てた経験を持っています。そして転向した後に作家活動を開始した人物です。「癩」は実は島木の転向した後の最初の作品で、描かれている内容は、島木自身の転向体験に基づいています。この作品では、主人公の太田という男が左翼運動に従事していて逮捕収監されるのですが、結核の症状があるということで囚人の隔離病棟に移されます。実際に島木自身が結核に罹って、隔離病棟に移されたということです。またハンセン病患者用の隔離病棟というのもすぐ隣にあったようです。

物語の展開としましては、そのハンセン病患者の隔離病棟に岡田良造という男が後で入ってきます。実はその岡田良造というのは、太田とともに左翼運動に参加していた同志だったのですが、すでにハンセン病の症状が進んでいて顔が以前と変わっており、太田は最初誰なのか全くわからないという状態でした。たまたま同じ病棟にいた囚人に、隔離病棟に新しく入ってきた男の名は岡田良造だと聞いて、それで思い出したというような流れになっています。この後、太田は一度だけ岡田と直接話す機会があります。その中で、岡田が非転向、つまり左翼思想を捨てずにいて、その結果七年の服役という非常に重い刑に処されていることを知ります。

作品の終盤で太田が岡田について考えていることが語られているのですが、ここで太田は、非転向を貫く岡田の強靭な意志について「彼の報じた思想が、彼の温かい血潮の中に溶けこみ、彼のいのちと一つになり、脈々と生きてゐる」と畏敬の念を抱いています。ですので、「対髑髏」のようにハンセン病を別に忌まわしいものとして描いているわけではありません。

ですが、その後に「彼自身は岡田のやうな心の状態には至り得なかつた」と続きますように、ハンセン病にかかって体が朽ち果てようとする岡田だからこそ、思想と体が一体化するという人並み外れた境地に到達できたのだという理屈で岡田の存在を神格化しているわけです。そういう描き方が果たしてよいのかどうかという問題は、かなり大きく残ると思います。

こういった岡田の描き方をどう考えればいいのかということにつきまして、あくまでも参考ですが、スーザン・ソンダクという現代思想家の『隠喩としての病い』があります。もちろん、ソンダクは島木健作ですとか、ハンセン病について直接語っているわけではありません。ソンダクが取り上げているのは、特に結核です。

ソンダクが言っているのは、ある種の病が文学の中でどのようなイメージで表象・表現されてきたのかということです。その典型として、結核というのは精細さの象徴として美的に描かれることが多いが、癌はそうではない、というように指摘しています。つまり、どちらも命に関わる病なわけですが、全然描かれ方が違うと言っているわけです。

このようなソンダクの議論を参考にしますと、ハンセン病の表象ということについて、どのようなことが言えるでしょうか。あくまでも「対髑髏」と「癩」を簡単に確認した限りでの考察ということになりますが、まず「対髑髏」では、最初お妙が天女のような美しさで描かれますが、最後には非常にグロテスクな描写で、人が誰も近寄らないような姿だったというように対比的に描かれていました。つまりハンセン病の表象においては、聖と俗、美と醜という対極にあるイメージが容易に反転する傾向が見られるのではないかと思います。

また「癩」の方では、太田が岡田を畏敬すべき存在とみなしているのは、ハンセン病患者のポジティブな描き方のようにも思いますが、しかし、ハンセン病にかかった岡田だから非転向の境地に達することができたという理解が示されているわけです。実際、引用しましたように、太田自身は岡田のような心の状態にいたり得なかったと書いてあります。このように、岡田にはできたけれども自分には無理だという比較をしているわけです。

　これはもちろん岡田をヒーローとして扱っていることは確かなのですが、岡田の特権化であると同時に差別化であるとも言えるわけです。つまり、ハンセン病患者を特殊な人間であるとみなしていると言えるのではないかと思います。ですから繰り返しになりますけれども、文学においてハンセン病患者というのは聖／俗ですとか、美／醜というものが反転する、両義的な存在として描かれる傾向にあるのではないかというふうに言えると思います。

　次に、小川正子の『小島の春』を見ていきます。もしかするとご存知の方もいらっしゃるかもしれませんが、小川正子は作家ではなく医師です。後でまた少し触れますけれども、ハンセン病患者の隔離を強く主張した長島愛生園園長の光田健輔という人物に師事し、この園の医師として勤務します。

　これはちょうど戦時中にあたる時期なのですが、『小島の春』はそのハンセン病患者収容のために高知に赴いた経験を記したノンフィクション作品で、高知に行って、患者を収容し終わったときの達成感が語られています。随所に小川自作の短歌が挿入されていたり、極めて情緒的な語りに終始している作品です。

　小川は、保護された患者は「祖国を清める救癩戦線の痛ましい闘士」であり、私たちの列車も出征なのだというように、隔離政策を戦争の隠喩で語ります。さらに最後は「土佐は浄化されようとしてゐる」となっています。やはりこういう語り方は、少なくとも現代の私たちからしますと違和感を覚えてしまうわけですが、その点につきましては、「楽土／ディストピアの言説空間」（『病の言語表象』和泉書院、二〇一六）という論文の中で、木村功さんが指摘しています。

木村さんによると、小川の言う人道的な精神というのは、患者に同情しながらも戦時体制下にある国家と社会の利益を最優先し、祖国浄化に邁進する精神であると言えます。もちろんハンセン病患者を隔離することを浄化と表現すること自体が大きな問題であることは言うまでもありません。おそらく、小川本人は医師として本当に患者のためになるという気持ちで仕事をしていたのだと思いますが、この当時の人道的な精神というものを歴史化して考えてみるということは必要でしょう。

## ●松本清張の略歴

それではここから、ようやく『砂の器』に関する考察に入っていこうと思います。

まず、松本清張の略歴です。清張は福岡県小倉市、現在の北九州市小倉北区生まれです。実際に生まれたのは広島だったようなのですが、すぐに小倉に移り、出生届も小倉で提出されています。また清張の家は非常に貧しく、清張自身は尋常小学校しか出ていません。卒業後は給仕ですとか印刷工として働き、その後朝日新聞西部本社に入社します。こちらは当時北九州にあったようです。正社員としての採用だったようですが、学歴差別は社内であったようで、本人も非常にコンプレックスを抱えていたようです。

作家活動ということにつきましては、一九五一（昭和二六）年の『週刊朝日』が実施した「百万人の小説」という一般公募の懸賞に投稿した「西郷札」という短編が三等に入選し、直木賞候補作ともなります。そして二年後の一九五三（昭和二八）年に「或る『小倉日記』伝」で芥川賞を受賞し、本格的に作家活動を開始することになります。この芥川賞受賞後に、清張は朝日新聞の東京本社勤務となって上京するのですが、やがて退職し、専業作家となることを決めます。

その後、一九五八（昭和三三）年に『点と線』がベストセラーとなり、それからも『ゼロの焦点』ですとか、これから取り上げます『砂の器』などの話題作を次々に発表して、いわゆる社会派推理小説作家として活躍することになります。また、『日本の黒い霧』や『昭和史発掘』などノンフィクションも有名ですし、今でもしばしば作品がドラマ化されていることはご存知のことと思います。

ここでちょっと余談なのですが、実は私は花園大学に来る前に北九州の大学に四年間勤めておりました。あとで北九州の地図をインターネットかなにかでご覧いただければと思うのですが、勤めていた大学の所在地は、市内で一番西の八幡西区という区にありました。ですが私が住んでいたのは小倉北区、清張が生まれた旧小倉市に当たるところでした。小倉北区というのは北九州の市役所ですとか、新幹線の停まる小倉駅ですとか、小倉城などが集まっている市の中心エリアです。

そして小倉城のすぐ近くに松本清張記念館がありまして、私も行きました。清張は作家になってからの生涯を東京で過ごすわけですけれども、清張の家の応接間ですとか、書斎がそのまま展示されていたりしました。非常に充実した文学館です。

北九州の作家ということで言えば、例えば『放浪記』『浮雲』で有名な林芙美子ですとか、『麦と兵隊』の火野葦平などもいますし、あとは北九州が舞台の作品としては、文学というよりは映画の方が有名かもしれませんが、『無法松の一生』なども北九州を舞台にした作品です。

また北九州出身ではありませんが、実は森鷗外も陸軍軍医として三年ほど小倉に勤務しています。その森鷗外が住んでいた家というのも、小倉駅のすぐ近くに「森鷗外旧居」として残っています。ですので、北九州市というのは実は近代文学と非常に縁が深い地域になるのかなと思います。

余談はこれぐらいにいたしまして、本題に戻ります。まず、清張が社会派推理小説を書くうえでの問題意識を述べている「推理小説の読者」というエッセイがあります。この中で清張は、それまでの推理小説があまりに動機を軽視し、トリックだけに重点を置いていると、それまでのミステリーの遊技性への不満を述べています。そして動機をもっと重視すること、動機にさらに社会性をもたせることを主張しています。『点と線』『ゼロの焦点』『砂の器』などは、この動機の社会性を意識して書かれた作品であると言えます。

## ●『砂の器』基本情報

『砂の器』は、一九六〇（昭和三五）年五月一七日〜一九六一（昭和三六）年四月二〇日まで『読売新聞』夕刊に連載された長編ミステリーです。あらすじはご存知の方も多いかと思いますが、簡単に確認します。

東京の蒲田駅近くで三木謙一という男性の死体が発見されます。三木には東北訛りがあったそうで、「カメダ」という言葉を話していたことを手掛かりに、警察の捜査が始まります。その後、「カメダ」は出雲地方の亀嵩《かめだけ》のことであり、三木はそこで巡査をしていたことがわかります。三木は巡査時代にハンセン病患者の本浦千代吉とその息子の秀夫を保護していました。

この秀夫は亀嵩から逃げ出し行方不明となっていましたが、実はヌーボー・グループという若手文化人集団の一人で、若手音楽家の和賀英良として活躍していました。刑事の今西栄太郎は、秀夫が急に訪ねてきた三木が父親のことを暴露するのではないかと恐れて殺害したと推理し、逮捕するという話です。

もう一度申し上げますと、和賀英良という活躍中の若手音楽家が、実はハンセン病患者の父を持つ本浦秀夫であったということです。そういう過去を持っていたということがわかって、それが原因で三木謙一を殺したという話になります。物語の筋をまとめるとこうなるのですが、実は『砂の器』の展開はかなり錯綜していまして、後ほど触れることになりますが、多くの登場人物が出てきます。また、和賀英良は恩人と言える三木健一という男を殺すわけですが、他の人物も超音波によって殺害するということをしています。ただ『砂の器』の先行研究を読むと、超音波で人を殺すという設定にはかなり無理があるということです。

また、「カメダ」という言葉に関する疑問も提示されています。作中では、東北地方と同じような訛りが出雲地方にもあるという方言分布の特徴をもとに捜査が進んでいくのですが、三木は出雲地方出身ではありません。『砂の器』の中では、三木が亀嵩に勤務していたから出雲地方の訛りが身についたのだという前提になっているのですが、言語学専門の方から言わせると、それは言語習得の観点からするとおかしい、つまりすでに成人している三木が出雲地方に移ったからといって、その地方の訛りを習得することはおそらくできないと指摘されています。

そのような清張の設定の甘さみたいなものは、今から振り返ればあるのだと思います。このように、いろいろ調べてみると突っ込みどころが多々ある作品なのですが、本講演ではそれらの件については割愛させていただきまして、この和賀英良の犯行とその動機に焦点を当ててみたいと思います。

社会学者の内田隆三さんは、二〇〇二年にご刊行の『国土論』（青土社）という大著の中で、『砂の器』と水上勉の『飢餓海峡』、さらに森村誠一の『人間の証明』という三つの小説が同じような構図を持っているという指摘をしています。それによりますと、この三作品の犯人はいずれも日本海側の地方に生まれています。『砂の器』で三木謙一が本浦親子を保護したのは出雲地方の、先ほど言った亀嵩ですけれども、和賀英良が生まれたのは、実は石川県という設定になってます。そして、各作品の犯人は社会的な名声を得ている一方で、絶対に知られたくない秘密を持っています。

説明を補足いたします。『飢餓海峡』の犯人は、樽見京一郎という実業家です。生まれは京都府北部の北桑田郡の貧しい農村です。私は京都出身ではありませんのであまりわからないのですが、北桑田郡というのは現在の南丹市の一部になっている地域のようです。樽見京一郎は貧しさから村を出て、北海道の農場などで働きます。やがて一緒に行動するようになった前科者の男二人が函館の質屋に強盗に入り、大金を持って船で津軽海峡を渡ろうとします。しかし三人の中で争いが起きて生き残ったのが樽見でして、そのままひとりで大金を持って青森までたどり着くわけです。

その大金を持って青森の女郎屋に行き、相手になった娼婦の杉戸八重に大金の一部を渡します。樽見は函館での強盗には加わってはいませんが、二人を殺して大金を手に入れているわけですから姿をくらまします。しかし八重の方はお金をもらったおかげで娼婦をやめ、実家にもお金をあげることができた、ということで樽見に対する感謝の気持ちをずっと持ち続けていました。

やがて、樽見京一郎は舞鶴の方に戻って実業家として成功します。八重はそのことを偶然新聞で知ります。そして感謝の気持ちを伝えるためにわざわざ舞鶴の自宅にまでやってきます。八重の方は本当に感謝の気持ちを伝えたいだけだったのですが、樽見の方は過去の犯罪がばれてしまうと思い、その場で八重を毒殺します。そういう展開の物語になっています。

次に森村誠一の『人間の証明』の方ですけれども、この作品の犯人は八杉恭子という家庭問題の評論家で、テレビにも出演するような人物です。しかも夫は政治家という、かなりの有名人です。恭子は富山県の八尾町という、現在は富山市に合併している町の旧家に生まれています。

敗戦後、東京の女学院に行くために上京し、浮浪者に絡まれているところを助けてくれたウィルシャーという黒人兵と結ばれ、その後同棲してジョニーという息子ができます。これは日本の占領下の出来事であるのですが、占領が終わるとともに、ウィルシャーはジョニーを連れて二人でアメリカに帰国します。

その後ウィルシャーはアメリカで死亡しまして、一人になった息子のジョニーは日本に来て、現在テレビに出たりして活躍している恭子の、つまり母親のそばで暮らしたい、邪魔はしないから一緒に暮らしたいと訴えます。しかし、ジョニーの存在がわかると現在の地位が失われると思った八杉恭子は息子を刺殺するという、そういう展開になっています。

このように、三人の作家がお互いを真似しあったわけではないはずなのに、同じような構図の物語が揃ってしまったというところに内田さんは注目しています。ただし、『飢餓海峡』と『人間の証明』の犯人が持っている秘密というのは、どちらも敗戦直後の混乱の時代、つまり日本がまだ占領されていた時代にあったことになります。それに対して、『砂の器』の和賀英良が持っている秘密、父親がハンセン病患者であるという秘密には、敗戦や戦後の混乱は関係ないわけです。もっと言えば、戦前まで遡る話なんですね。

ですので、この三作品の構図が似ているという内田さんのご指摘は大変面白いと思うのですが、犯人の持っている秘密ということに関しては、『砂の器』を他の二作品とちょっと分けて考えるべきではないかなと思っています。『砂の器』においてハンセン病がどのように描かれているのかを考察するためには、より時代を遡る必要があると思われます。

では、次に『砂の器』の中でハンセン病がどのように語られているのかを確認します。事件を捜査している今西刑事が亀嵩に行って話を聞いた、桐原小十郎という人物の「この村にナリンボウのホイタが来ましてね」というセリフがあります。「ホイタ」というのは乞食のことであるという説明はこの後出てくるのですが、「ナリンボウ」の説明はありません。

これについては、今野大輔さんが『ハンセン病と民俗学』（皓星社、二〇一四）の中で説明されています。「なり」とか「なりんぼ」というのは、明治以前からハンセン病患者のことを指していたということになります。作中で桐原が言っている「ナリンボウのホイタ」というのは、和賀英良の父の本浦千代吉のことで、連れていた子どもが本浦秀夫、現在の和賀英良ということになります。

次に確認する資料は、時代が少し遡って一九二〇（大正九）年になるのですが、『癩患者の告白』（内務省衛生局）という本がありまして、文字通り当時の療養所に入っていたハンセン病患者たちの告白です。この中のある三三歳の男性の告白なんですが、祖母から四国西国巡礼すれば治るので早く行きなさいというふうに言われた、と話しています。これはもちろん大正時代の話なのですが、この四国を巡礼するということは、ハンセン病の治癒祈願として行われていた民間信仰でした。

『砂の器』の本浦親子も巡礼に出ています。これも後でまた確認することになりますが、本浦親子の場合は、一九三八（昭和一三）年に巡礼に出ているという設定になっています。この本浦親子が四国に行っていたのかどうかということは書いていませんのでわかりませんが、とにかくこういう民間信仰が取り入れられているということは間違いありません。

次に、『砂の器』の終盤、今西刑事が捜査会議で、和賀英良の犯行について説明している場面があります。ここで今西は、本浦千代吉が「自己の業病をなおすために、信仰をかねて遍路姿で放浪していた」と言っています。これは清張自身の認識を直接表しているわけではないと思いますが、ハンセン病を「業病」と表現しているのはやはりちょっと気になるところです。

続きですけれども、今西は、三木巡査が本浦親子を保護したことを説明しています。この部分で、「法令に基づいて」岡山県の「慈光園」という療養所に収容させたと説明されています。「法令」としか出てきませんが、これは一九三八（昭和一三）年であることから、今日最初に確認しました一九三一（昭和六）年施行の「癩予防法」を指していることは明らかです。

このように、『砂の器』におけるこの事件の発端とも言える、三木謙一が本浦親子を保護したという出来事は、ハンセン病を巡る前近代つまり巡礼という民間信仰と、近代つまり「癩予防法」による隔離政策、この二つが交錯した場で起きたものであると言うことができるでしょう。

## ●『砂の器』連載時の『読売新聞』記事

では、ここで一旦物語から離れまして、『砂の器』が連載される少し前の『読売新聞』の中で、ハンセン病がどう語られていたのかを確認します。いわゆるハンセン病に対する差別に関わることです。

まず、「気流」（一九五九年五月一一日付朝刊）という読者の投稿欄です。この中に、「ライへの認識を改めよ」というタイトルの投稿がありまして、投稿者はどうやら東京の多磨全生園に入園している実際の患者さんであったようです。その投稿者が週刊誌を読んでいたら、「おっかない不治の病」というヒントのクイズがあり、正解が「ライ」であるというクイズが載っている。今ではとても考えられないクイズですけれども、当時はまだ週刊誌を出すような出版社の方にも（もちろん全員がそうだったわけではないでしょうが）、そういう認識があったということがうかがえます。

次に、「人生案内」です。人生相談のコーナーですけれども、こちらにハンセン病に関する相談が何度か寄せられています。ちなみに回答者は木々高太郎です。木々は慶應義塾大学医学部の教授であると同時に、実は探偵小説作家でもありまして、清張が作家として活躍するきっかけを作った人でもあります。と言いますのも、清張のデビュー作「西郷札」を褒めて、もっと推理小説を書きなさいと助言をしていまして、清張は木々が編集委員をやっていた『三田文学』という同人雑誌に「或る『小倉日記』伝」を発表して芥川賞をとるということになります。清張にとっては恩人と言える人物です。

この木々が回答者になっている読者からの人生相談を二件紹介します。

一件目は、一九五九（昭和三四）年一〇月三日付朝刊に掲載された男性からの相談です。「結婚したい女性の父親がハンセン病であるとわかった。女性にも遺伝するのではないかと心配です」という相談が寄せられています。また、一九六一（昭和三六）年三月一一日付朝刊の相談では、内容は相談者本人ではなく、いとこの話なんですけども、「いとこの婚約者の父方の二、三代前にハンセン病患者がいたということがわかったそうで、その事実を知ったことで、いとこの親族が結婚をやめろと言ってる。どうしたらいいでしょうか」という相談です。こちらの相談の場合、相談者本人はハンセン病が遺伝しないということを知っているのですが、親族の中にはそう思っていない人もいるので困っているという相談です。

このような相談に対して木々の方は、どちらに対しても「ハンセン病は遺伝しません。遺伝するから怖いというのは俗説なので、そういう考えはもうやめましょう」というふうにはっきりと回答しています。当然、結婚についても何の問題もありませんよ、とも言っています。ただ、木々はそのような回答をしていますが、このような相談内容がある程度の頻度で出てくるということからわかるのは、やはりこの当時世間一般ではまだまだハンセン病に対する偏見が根強くあったということだと思います。

二件目は、「野放しのライ患者」という記事です。一九六〇（昭和三五）年一月一一日の記事ですが、前日に、東京の療養所にいる女性患者が園外で殺害されたのが発見されます。殺人事件であるわけですが、この記事でクローズアップされているのは、なぜ療養所に隔離されているはずの患者が外にいるんだということなんですね。事件の捜査の過程で、どうやらその原因は、療養所の中の生垣に抜け穴が作られていて、患者が自由に出入りできる状態になっていたからであるということがわかります。そういう状態を問題視しているのがこの記事です。

「野放し」という記事の見出しから、ハンセン病患者が園外に出入りできるようになっていることを問題視していることがわかりますし、患者を厄介者のようにみなしていることは明らかです。また、野放しになったら困るから隔離しなければならないというメッセージも暗に述べていると言えます。当時はまだ「癩予防法」が施行中でしたので、隔離は法律に基づいた措置ということになるわけで、この記事を書いた記者にも悪意はなかったのかも知れませんが、やはり今日の目から見るとかなり差別意識を感じざるを得ません。

次に、「業病と早合点の悲劇　赤羽の無理心中」（一九六〇年一〇月一八日付朝刊）という記事を見ていきます。この記事は、ある男が診察に行った整形外科で、医師と看護師が自分はハンセン病だとヒソヒソ話していると誤解し、絶望して妻子四人を殺して自分も死のうとしたという無理心中の事件を報じています。無理心中の結果、この男だけが生き残って妻子四人は死んでしまうという非常に痛ましい事件です。すでに治療薬のプロミンが普及していた時期ですし、そもそもハンセン病はそれほど致死率の高い病気であったわけでもありません。

生き残った男のその後は、私が調べた限り新聞に出てきませんでしたので、よくわからないのですが、この男自身がハンセン病に対する偏見をもっていたために、自分がその患者になったと誤解してしまったときに、このような行為に及んでしまったということです。

また、問題なのはこの男だけではありません。記事の見出しに「業病と早合点の悲劇」とあります。「業病」という『砂の器』の中にも出てきた言葉が使われています。「業病」というのはご説明するまでもないかもしれませんが、前世での報い、報いとしてかかる病気という、もちろん非科学的な意味を持った言葉なんですが、そういう「業病」という言葉が『読売新聞』の記事の中で堂々と使われているということも、一九六〇年時点での認識ということになるのかなと思います。

最後に見るのは、「婦人　遺伝や血統の問題」（一九六一年四月一日付朝刊）というタイトルの記事なのですが、この記事は田中克己という、当時の東京医科歯科大学教授が病気の遺伝や血統の問題について解説するという内容です。ハンセン病だけではなく、精神疾患なども取り上げられているのですが、最初にハンセン病のことが出てきます。

田中は、仮に結婚相手の先祖や身内にライ患者がいたとしても、その患者が死んだ後、あるいは入院隔離された後に本人が生まれていれば問題ないと言っています。つまり遺伝は心配する必要はないという説明ですが、後半の方では「現実の問題として患者の隔離が進み、感染の機会をまず考えられない現在では問題外でしょう」と述べています。

繰り返しますように、この当時すでに治療薬はあったのですが、医師である田中は治療ということに関して、この記事の中では触れていません。つまり患者は隔離されるから大丈夫であるというコメントとなっています。もちろんこちらについては、新聞社側が発言を切り取って載せたという可能性もありますが、隔離を全面的に肯定した内容になっているというのは気になるところです。

### ●殺人の動機とハンセン病

では、『砂の器』に戻ります。先ほど引用した部分の続きで、今西刑事が和賀英良の犯行動機を説明している部分です。それによると、被害者の三木謙一は旅行で伊勢を訪れていたのですが、偶然和賀英良が写っている写真を発見して、和賀は本浦秀夫だと確信して東京まで出ていきます。しかし和賀は、三木によって父がハンセン病患者であったということがわかってしまうと、大臣の娘との婚約が破棄される可能性があり、キャリアも無に帰してしまうので三木を殺害した、と今西は推理しています。

今西のこの推理は、先に見た無理心中の事件などと同じように、極めて通俗的なハンセン病の理解を踏襲していると言えます。それも問題なのですが、和賀の三木殺害の動機をより厳密に捉えようとすると、どうも曖昧な点が残ります。

例えば、現在も販売されている新潮文庫版の『砂の器』(下巻、二〇〇六改版)の解説で、小松伸六さんは「犯人は、その幸運をのがさないためには、ライ患者の息子であることを絶対に知られては困るのだ」と述べています。つまり過去の秘密を守るためという犯行動機です。一方、佐藤忠男さんによる『松本清張全集』第五巻(文藝春秋、一九七一)の解説では「三木巡査が彼にとっては彼がそこから脱走したはずの世間の代表者であった」ために、和賀は再び現れた三木を殺したのだと説明されています。つまり過去がばれるからということよりも、三木の存在自体に対する嫌悪あるいは敵意が殺害の動機であると説明しています。

他の先行研究を読んでも、和賀の三木殺害の動機というのはどうも曖昧です。過去が明るみに出るからと指摘しているものもいれば、三木の存在自体を嫌悪しているのだと指摘しているものもあります。

もちろんその両方が重なっているというふうに考えるのが妥当なのかもしれませんが、問題なのは犯人自身による告白というのがないということではないでしょうか？　清張作品と対照的なのは、水上勉の『飢餓海峡』です。こちらはあらすじをすでに説明済みですけれども、終盤では犯人である樽見京一郎が、実際に自分の言葉で、なぜ杉戸八重を殺したかということを説明しています。「もし、このまま八重さんを帰してしまったら、警察へ行って、何をしゃべるかわからない」から殺したと語っています。このように自供があれば、犯行の動機というのは当然明確になるわけですけれども、『砂の器』の中には和賀英良の自供というものがないので、どうも動機がはっきりしないということになってしまいます。

## ●映画『砂の器』

次に、映画『砂の器』にも触れていきます。もしかすると『砂の器』の小説は読んだことはないが、映画は見たことがあるという方もいらっしゃるかもしれません。清張作品はたくさん映画化されていますが、映画『砂の器』は傑作の呼び声が高く、清張作品の映画化の中でも最も成功したと言えるのではないかと思います。

監督は野村芳太郎、キャストは和賀英良役が加藤剛、今西刑事役が丹波哲郎、今西と一緒に捜査をする若手刑事が森田健作、あと笠智衆も出ているという、非常に豪華キャストの映画です。

今回は以下に挙げる小説から映画への変更点については、実際に映像をお見せできないとわかりにくいところもあるかもしれませんが、ご容赦ください。ただ、映画の『砂の器』はAmazon Prime Videoで配信されていますし、ＤＶＤもありますので、ご興味のある方はぜひご覧になっていただきたいと思います。

映画化に際しての変更点は、以下のとおりです。

①物語の時代

小説では一九六〇（昭和三五）年、映画では一九七一（昭和四六）年。

②和賀英良（本浦秀夫）

小説では若手文化集団ヌーボー・グループの一人で、シンセサイザーを弾く前衛音楽家。映画にはヌーボー・グループは出てこない。和賀は作曲家でありピアニストである。

③和賀英良の父・千代吉

小説では死亡しているが、映画では療養所「慈光園」で生きている。

④関川重雄（ヌーボー・グループの評論家）

小説では物語の途中まで犯人とミスリードされる存在だが、映画には登場しない。

⑤和賀の血染めのシャツを切り刻んで列車の窓から捨てる女性

小説では和賀の愛人で劇団員の成瀬リエ子（のち自殺）だが、映画では、やはり和賀の愛人でバーのホステスである高木理恵子（和賀の子を流産し死亡）。

※原作では関川の愛人三浦理恵子がバーの女給で妊娠するが、困った関川に相談された和賀の犯行により死亡する。

⑥本浦親子の流浪

小説では全く描かれないが、映画版では千代吉・秀夫親子の流浪の旅が和賀の曲「宿命」をBGMとして映像化されている。

これら全部をしっかり確認することはできそうもありませんので、重要な点を申し上げますと、まず③です。和賀英良の父の千代吉は、小説の中ではすでに死亡しているのですが、映画ではまだ生きているという設定になっています。

それと最後の⑥です。本浦親子の流浪の旅につきましては、小説の中では、今西刑事が本浦親子はずっと放浪の旅に出ていましたと説明するだけなのですが、映画では本浦親子の放浪の旅が、「宿命」という曲の流れる中で四〇分ほど映像化されています。そのシーンが、この映画の評価にも関わっていると言えます。

樋口尚文さんが『『砂の器』と『日本沈没』 70年代日本の超大作映画』（筑摩書房、二〇〇四）の中で述べていますように、小説版では登場人物がたくさん出てきて錯綜する展開が、映画ではむだが削ぎ落とされて非常にすっきりしています。

犯行の動機ということについても、映画の脚本を書いた橋本忍の意図ということですけれども、「『三木は軽々しく和賀の前身を口外するような男じゃない』のに、和賀が三木を殺したのは、ただ単に彼の冷静なエゴゆえのことではなく、『三木が和賀に対して、余命いくばくもないその父親、本浦千代吉に会うことを強く希望、いや主張してやまなかったから』だということにしたいから」であったようです。

映画の三木謙一は緒方拳が演じているのですが、和賀に対する「縄で引っ張ってでもお前を連れていく」というセリフが出てきます。映画ではそのようにして、つまり三木が無理矢理にでも千代吉のもとに連れて行こうとしたから和賀は三木を殺したのだ、という展開に変更されているわけです。

このような変更点を踏まえて、改めてハンセン病の問題について考えることにします。

具体的な批判ということにつきましては、特定非営利活動法人香川人権研究所「はなしの泉」(http://kagawa-jinken.org/publics/index/69/detail=1/b_id=393/r_id=6/) などでも解説されています。

映画『砂の器』の本浦親子の放浪シーンがあるわけですが、その中で親子が巡礼で通りかかった村の子どもから石を投げられるという場面があります。この場面に対してハンセン病の団体から抗議があったので、字幕を入れることになったということです。

テロップの前半では、現在ではハンセン病に対する特効薬があるということが書かれており、抗議に対する直接の回答になると思うのですが、最後に「しかし／旅の形はどのように変わっても／親と子の〝宿命〟だけは永遠のものである」という字幕が出て映画は終わります。長い本浦親子の放浪シーンを見て、観客が感情を揺さぶられた後にこのメッセージが出てくるということになるのですが、それによって、映画『砂の器』は本浦親子の宿命の物語として閉じられることになります。

字幕前半の内容が果たしてその抗議をした方々にとって納得のいくものだったかという問題もありますが、物語を研究する立場の人間として考えますと、やはりこの字幕の最後の部分も問題があるのではないかなと思います。と言いますのは、この親と子の宿命だけは永遠のものだというメッセージによって、映画『砂の器』の方は、ハンセン病の差別という社会的な問題を親子の問題にすり替えているとみなせるからです（横濱雄二さんの「映画『砂の器』における異界」（『昭和文学研究』二〇一八年九月）を参照）。

一応付け加えておきますと、これは原作（小説）の方が映画版より良いとか悪いとかそういうことを申し上げているわけではありません。そうではなく、映画版は原作と全く違う物語になっているということを確認しているまでです。

この小説と映画の違いということに関しては、山本幸正さんが『松本清張が「砂の器」を書くまで――ベストセラーと新聞小説の一九五〇年代――』（早稲田大学出版部、二〇二〇）の中でご指摘のように、「『砂の器』は、映画やテレビドラマの物語を確認するために読まれているに過ぎない」のかもしれません。要するに、映画で描かれてる親子の宿命を原作に投影してる人が多いのではないかということです。

小説の方は、はっきり言えば映画とは全く別と言えるような物語展開になっていますので、もし映画の内容を投影しているとすると、そもそもそれは小説としっかり向き合っていないと言えるわけです。

映画と切り離して、原作の方をどう考察するかという課題は、私自身も今後追求していきたいと思っているところです。ですが、物語の一貫性という点において映画版は小説を凌駕しており、一般的に『砂の器』といえば映画のイメージで流通しているということは事実であろうと思います。最後にこの点に関して考えて終わろうと思います。

## ●おわりに

本講演の前半でご紹介した荒井裕樹さんは、「文学に見る障害者像　松本清張著『砂の器』とハンセン病」（『ノーマライゼーション』二〇〇四年九月）の中で、松本清張は作品の山場を作るにふさわしい〈社会的負性〉を欲していて、その〈社会的負性〉がハンセン病であったと指摘しています。ハンセン病が隠すべき〈社会的負性〉であるという認識自体が問題であるという指摘は、もう全くその通りだと思いますし、また映画版でもいろいろその変更はあったけれども、〈社会的負性〉としてのハンセン病という偏見は相対化されていないという点もその通りだと思います。

次に、「一人の芭蕉」という清張のインタビュー記事があります。これは『砂の器』の構想について清張が述べているインタビューなのですが、この中にハンセン病のことは一言も出てきていません。清張は『砂の器』を書く時に、ハンセン病の問題について、おそらくあまり考えていなかったんじゃないかと思います。後付けとまで言えるかどうかはわかりませんが、犯人の〈社会的負性〉としてハンセン病を利用したことは間違いないと思われます。

再び、先ほどの荒井さんの文章の続きなのですが、荒井さんは二〇〇四（平成一六）年に当時SMAPの中居正広主演で『砂の器』がドラマ化されたことに触れています。私は観ていないのですが、このドラマの中では、本浦千代吉はハンセン病患者ではありません。ではどうなっているのかと言いますと、「三一人殺し」の大量殺人者となっているのです。つまり、和賀英良の持っている〈社会的負性〉が、父が大量殺人者であるというふうに変わっているということです。荒井さんは、「『砂の器』という作品が作品として成立するためには、リメイクされた時代時代の〈社会的負性〉を必要とするのである」と述べています。

『砂の器』は、映画化によって親子の宿命を描いた感動作として受容されてきました。しかし、ハンセン病に対する差別が無自覚に描かれたことは事実です。またドラマ版がそうであったように、もう現在ではハンセン病を〈社会的負性〉とした物語は成立しないでしょうが、今後また『砂の器』がリメイクされるときには、別の〈社会的負性〉に差し替えられることになると思われます。そういう意味で荒井さんがご指摘のように、『砂の器』は、その時々の人権意識に浸蝕される作品であり続けるのだと思います。

そこでもう一点考えなければいけないのは、このように〈社会的負性〉を利用している『砂の器』が広く受容され、特に親子の宿命というテーマを描いた映画版が名作とされていることではないでしょうか。映画『砂の器』は、清張作品の映画化としては最も成功した作品であり、本浦親子の巡礼シーンに涙した観客も無数にいたはずです。これから鑑賞する人の中にも、感動したとか、いい映画だったと感想を述べる人も出てくると思います。また、私自身もこの講演準備のために改めて最近映画を観たのですが、いろいろ問題があるとわかっていながらも、やはり映画の巡礼シーンを観て感動しなかったかと言われると嘘になります。

ですので、『砂の器』――映画版のこととして考えていただきたいのですが――が人々の感動を誘うような物語であることと、〈社会的負性〉の問題は実は表裏一体の関係にあるのではないかと、そのことをしっかりと見極めることで、感動する私達自身の人権意識ですとか、差別意識というものが問われてくるのだと思います。

発表は以上です。ご清聴ありがとうございました。

付記　本講演の内容は、科研費（基盤研究C）「日本近現代ミステリにおける危機表象の史的研究」（研究代表者：押野武志、課題番号21K00301）に基づいている。

（花園大学人権教育研究会第117回例会・二〇二一年一〇月一八日）

# ライフストーリーワーク

## 社会的養護の元で育つ子どもたちの生い立ちの整理の必要性と課題

久保樹里

### ●はじめに

今日は、私が活動しています大阪ライフストーリー研究会とNPO法人IFCAでの学びをもとにお話しさせていただこうと思います。

私自身は、元々、自治体に社会福祉職として入り、長く児童相談所で児童福祉司として働いてきました。そこで、今日、お話しをするライフストーリーワークを実践してきました。

今日は、ライフストーリーワークとは何か、その歴史、子どもの知る権利、どうして社会的養護の子どもたちにライフストーリーワークが必要なのか、生い立ちを知る意味についても深めたいと思います。加えて、IFCAで作成した社会的養護に入る前の移行期の子どもたちとの対話を進めるための絵本を作成しましたので、そのこともご紹介したいと思います。

もし皆さんは、こんな質問をされたらどうお答えになられるでしょうか？「あなたのおじいさんは何というお名前ですか？」「あなたのお母さんはどこでお生まれになったのでしょう？」「あなたのお名前の由来は？」「あなたって子どもの頃どんな子どもでしたか？」「小さい頃どんな食べ物が好きでしたか？　どんな遊びが好きでしたか？」そんなことを教えてくださいと言われたらどうでしょう。

多くの方がある程度、さっと答えられるのではないでしょうか？　お母さんの生まれたところとかおじいさんの名前もまあまあ出てくるのではないかと思います。子どもたちは育ちの中で、自分や家族に関するいろいろな出来事やエピソードを自然に肌感覚で捉えていきます。例えば、親戚の集まりで、伯父さんから「何々ちゃん大きくなったなあ、お父さんに似てきたね、お父さんは小さい頃、すごくやんちゃでね」というような話を聞いたりします。

このように家族からや、自分のことを知っている、家族のことを知っている人たちから、いろいろな機会で話を聞くことで、自分は家族の一員なのだと、自分の歴史が自然に繋がっている感じがしみ込んでいきます。しかし、施設や里親宅など、いわゆる社会的養護の元で暮らす子どもたちの多くは、そういうことが不足しているところがあります。

## ●社会的養護の下で生活する子どもたち

ライフストーリーワークについてお話を始める前に、社会的養護について少し説明をさせていただきます。今、約四万二〇〇〇人の子どもたちが社会的養護の下で暮らしています。児童福祉法によれば、子どもたちの養育の第一義責任は保護者なのですが、それが難しい場合に、国や自治体が保護者に代わって子どもたちを養育することを社会的養護と言います。狭い意味ではこのように家を離れて施設や里親の下で暮らす子どもたちを指しますが、大きな意味では在宅であっても困難を抱えている親子への支援ということも含みます。最近は在宅で困難を抱える子どもと家族については社会的養育と言われることが多くなってきたように思います。

今回は家族から離れて暮らしている子どものことを取り上げます。

子どもたちが社会的養護に来る経過についても説明しましょう。乳児以外は多くの子どもたちは一時保護所を経由して、施設や里親、ファミリーホームに措置されます。その後、家庭に引き取られる子どももいますし、社会的養護から自立していく子どももいます。また、他の施設、もしくは施設から里親、里親から施設に移る措置変更もあります。

このように、社会的養護の子どもたちの特徴として、暮らす場所をたくさん移動するということがあります。住んでいる場所や知っている人との別れなどたくさんの別れを経験することになります。例えば、乳児院から児童養護施設、里親へと、措置変更で何度も移動を経験します。途中で家庭に引き取られた後に再度、施設などに措置される子どももいます。この育ちの場所が変わるときに子どもの情報は結構失われてしまいます。

養育者だけでなく関わってくれた人、住んでいた場所、それから物との別れを経験します。その時、子どもたちの写真とか思い出の品とか、母子手帳もなくなってしまうことがあります。そして、目には見えませんが、子どものちょっとしたエピソード。例えば、「あなたはちっちゃいとき、ものすごくウサギさんが好きでね。大きくなったらウサギさんになりたいって言ってたんだよ」というようなエピソードです。このようなことはどこにも残ることなく、消えていってしまいます。

また、同じ施設や里親で大きくなり、家族はいるけれども面会がほとんどなかったり、たとえ面会があったとしても、どうしてここに今、自分がいるのか、どうして家に帰れないんだろう、いつになったら帰れるのだろうといった自分に関することを聞けないままでいるとか、漠然としかわからないままでいる子どももいます。極端な例ですが、自分のお母さんが誰なのかが今ひとつわからないままで大きくなり、たまに面会に来てくれるお祖母さんをお母さんだと思い込んでいたという事例もありました。

## ●ライフストーリーワークとは

私は児童相談所で児童福祉司として働くなかで、自分の情報を知らない子どもたちにたくさん出会い、なんとかできないかと悩みました。そんな時にライフストーリーワークと出会いました。

ライフストーリーワークは英国で生まれたものです。二〇〇〇年頃に日本に紹介されたのではないかと言われています。当時、帝塚山大学で教えておられた才村眞理さんを中心に、大阪府、大阪市の児童相談所等の職員の有志が集まってライフストーリーワークを学ぼうという目的で、大阪ライフストーリー研究会が立ち上がりました。私は立ち上げからしばらくしてこの研究会に参加することになりました。

研究会では、英国のライフストーリーワークの取り組みを学び、それをもとに日本での実践を行ったり、支援者のために研修会を開くといった活動を、立ち上げから今も続けています。また英国のライフストーリーワークの本を翻訳したり、日本版ガイドブックを出版したりもしてきました。まず、ライフストーリーワークの歴史についてお話ししておきます。

英国では、一九五〇年頃に、養子縁組をする子どもたちや、養子縁組をした親たちに、子どもの出自を知らせるための一つのツールとして、ライフブックというものが活用されるようになりました。そこには、子どもたちの歴史が書かれています。

時は流れ、一九七〇年頃、英国でも児童虐待により社会的養護で暮らす子どもたちが非常に増えました。子どもたちの生育歴や、子どもたちの出自に関する情報が失われがちになってしまうことを防ぐために、ライフストーリーブックが使われるようになりました。その後、一九七六年に養子に関わる法律である養子法ができました。この法律で、養子は自分の出生のルーツを知ることができるということが定められました。一九八九年には児童法が制定されます。親元から離された子どもには全て親を知る権利、家族関係を保持する権利を持つということが定められております。

ちょうど同じ頃、世界では子どもの権利条約が国連で採択され、子どもの知る権利が示されます。同時に社会的養護の当事者である若者たちの権利擁護運動が高まっていきました。この両方が併せ持って、子どもたちの知る権利が大きなトピックになってきました。

英国では里親になる研修にもライフストーリーワークが入っているということです。三歳ぐらいのまだいろいろなことがよくわからない頃から、子どもに関する情報を少しずつ伝えていき、必要があれば、何度も子どもとワークを行うのです。研究会主催のライフストーリーワーク研修において、英国から招いた講師は、点滴のように少しずつ子どもたちに情報を伝えていくのだと話してくれたことを覚えています。

ライフストーリーワークというのは、現在・過去・未来を繋げていくものです。人が人生を歩んでいくために、過去の経験は、今を生きる、未来を生きていくことに繋がっていきます。過去がわからないまま、知らされていないままだと、子どもたちは何か自分には悪いことがあるのではないだろうか、何か怖いことがあるのではないだろうか、けれども怖すぎて聞くことができないという状況の中で、絶えずモヤモヤを抱えるようになります。つまり過去が今に影響を及ぼしてくるのです。

ライフストーリーワークをすることによって、過去は過去として納めることができます。イメージとしては、箱にしまって、自分が開けたいときにその箱を開けて、扱うことができるようになり、過去に今の自分が囚われないようになるということを目指していきます。

ライフストーリーワークでは、子どもの生い立ちを整理していきます。どこで生まれたのか、生まれたときはどんな赤ちゃんだったのかとか、家族のこと、今、どうして施設にいるのかなどです。先ほど、社会的養護の子どもたちは生活の場所が変わる経験をすることが多いとお伝えしましたが、子どもたちがかつて暮らした場所や学校などをたどっていくこともあります。家系図とも言われます家族関係を表すジェノグラムも重要な資料になります。

ライフストーリーワークでは、児童相談所の記録がとても大事です。児童相談所時代、ライフストーリーワークをするときには、対象の子どもの記録を読み直し、これまでの経過を整理していきました。

その他に、子どもの思い出の品、これは母子手帳だったり、好きだったおもちゃだったり服だったり、本だったり、水泳の記録表だったり、通知簿だったり、子どもたちが書いた絵や写真、親御さんから来た手紙やプレゼントなども、ライフストーリーワークが扱うものになります。目に見えるものだけでなく、子どもに関する小さなエピソードもとても大事です。その子が小さいときどんな子どもだったのか、大きくなっていく過程でどんなエピソードがあったのか、子どもに関わった周りの人が話してくれた話、その子が覚えていなかったようなこと、本当にちょっとした思い出というものがライフストーリーワークの大切な素材になります。

自分の過去について知らないままでいるのは根無し草のようです。ライフストーリーワークを行うことによって、それまで子どもたちが知らなかったいろいろなエピソードを通して関わってきた人の思いに触れることができるようになります。そうすると、今、自分がここにいる理由や、自分のふるまいや行動の理由もわかるようになってきたりすることがあります。いわば、自分の人生を自分のものにすることに、ライフストーリーワークは役立つのです。

## ●生い立ちを知ることの大切さ

大阪ライフストーリー研究会は二〇〇五年から活動していますが、社会的養護の関係者の間では、ライフストーリーワークの知名度はかなり上がってきました。例えば、児童養護施設運営指針には、「生い立ちを知ることは自己形成の視点から重要である」ということが書かれています。里親養育指針の中にも、ライフストーリーワークは「子どもが自らを尊厳ある大切な存在と気づいて、誇りを持って成長するために有効である」ということが書かれています。

そして二〇一七年に厚生労働省から出された新しい社会的養育ビジョンには、子どもの出自を知る権利の保障について、断片的な事実情報ではなくて、子どもの年齢に応じた方法で、幼少時からのストーリーとして伝える必要があり、これが子どものアイデンティティ、自尊感情など、生きていく上での土台を形成することになると書かれています。ライフストーリーワークの必要性が見えてきます。

しかし、研究会活動を始めた当初はライフストーリーワーク導入について、子どもの支援に携わる現場の抵抗感はかなりありました。今、子どもたちは安定した生活をしている。その子どもたちがわざわざつらい過去を知らなくても、もっと未来のことを考える方がいい。子どもたちが聞いてこなかったらつらい過去について知らせる必要はないのではないか。そんなことを知ると子どもたちが荒れるのではないかという意見が出ました。支援する大人の側の怖れがあったと思います。そして、子どもの情報、それが事実かどうかがわからないため、子どもに伝えられないという話もありました。ここで子どもたちが生い立ちを知る意味についてもう少し考えてみましょう。

私は映画を見るのが好きです。映画をもとに、このテーマを考えていきたいと思います。

まず、最初は二〇一六年の『ライオン～25年目のただいま～』という映画です。インド人の男の子が幼い頃に迷子になり、結果的にオーストラリアに渡って、養子として養父母の元で育ちます。生活に困ることはなく、大学にも行っている。しかし、彼は一体自分が誰なんだという気持ちに追い詰められていきます。恵まれていた生活を捨て、ノイローゼのようになってしまいます。自分はどこから来たんだ、インドのどこで生まれたんだっていうことを追い求める中で養父母との関係はギクシャクしてしまいます。

これは実話を基にした映画です。生活が恵まれていたり、困ったことはなくても、生い立ちを知りたいという思いは、それまでの生活を一旦リセットさせてしまうぐらいの大きな原動力となるのだということがこの映画で描かれました。

次は二〇一一年のイギリスの映画『オレンジと太陽』です。京都府立大学の津崎哲雄先生からこの映画のことを教えていただきました。これには『からのゆりかご　大英帝国の迷い子たち』という原作があります。

英国のソーシャルワーカーのもとに、オーストラリアから私のルーツを調べてほしいという手紙が届きます。何のことだか最初はわからず断るのですが、その人から熱心に頼まれて、ルーツを調べ始めると、長年隠されていた大きな秘密が見つかります。それは戦時中の児童移民です。実の親が育てられないたくさんの子どもたちが、家族にも知らされず、英国からオーストラリアに児童移民として渡っていたのでした。成長したその子どもたちが、自分のルーツを追い求めているのです。これも事実を基にしています。

もうひとつご紹介します。二〇二一年に公開された『そして、バトンは渡された』という映画です。瀬尾まいこさんの原作を元に製作されました。この本の紹介文のところには、「私は五人の父と母がいてその全員を大好きだ」と書かれていました。

主人公は社会的養護の元では育っていませんが、家族関係はとても複雑です。主人公の優子は高校二年生です。生まれたときは水戸優子。その後、田中優子、そして泉ヶ原優子を経て、現在は森宮優子というように名字が次々に変わっています。

養育者から養育者にバトンのようにしていろんな両親のもとを渡り歩く優子については、「親との関係に悩むこともぐれることもなく、どこでも幸せでした」と描かれています。優子は、どうして自分がこうなっているのかについてわからないままだったのですが、彼女もまた自分の生い立ちをたどっていき、隠された秘密を知るのです。

三本の映画をご紹介しましたが、生い立ちを知るということが人生を歩むなかでどれほど大事か、ご理解いただけたでしょうか？

英国から講師を招いてライフストーリーワークを学んでいた時に、子どもを木に例えて考えてみるというやり方も教えてもらいました。

葉は子どもの今の状態です。良いこと、うまくいっている葉もありますが、大抵の場合、大人はこの子はこんなに困った言動がある、と子どもの問題に注目しがちです。葉は地中の種から根が出て、芽が出て、そこから幹になり、枝が伸びていって葉になる経過をたどります。子どもという木の根は過去の状態、子どもたちの過去の状況やエピソードが今に繋がっているのです。

幹や枝は今にいたるまでのさまざまなエピソードや体験です。全てが今の葉の状況に影響しているのです。子どもに関わる大人が悩まされている子どもたちの言動を考える際には、葉の部分だけでなく、木全体で考える必要があるのです。

ライフストーリーワークは子どもたちだけではなく、日ごろ子どもたちを支援する大人にとっても意味があります。社会的養護の子どもたちに関わることには難しさがたくさんあります。大人からすると問題行動として出てくる子どもの言動の背景を知ることができ、腑に落ちることで、子どもと一緒に考えることができるようになり、職員のバーンアウトを防ぐ効果もあると思います。

## ●ライフストーリーワークの三つの段階

次にライフストーリーワークの実際を見ていきましょう。ライフストーリーワークには三つの段

ライフストーリーワークの三段階

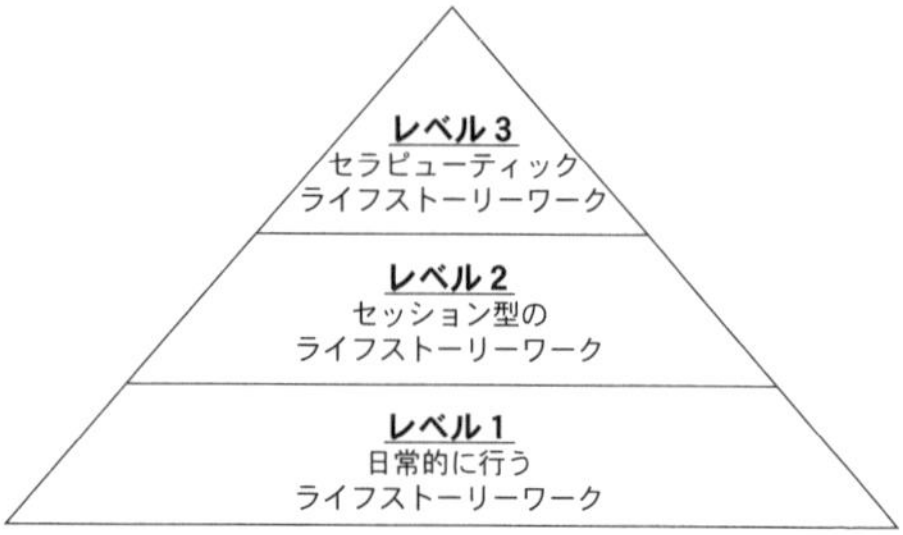


階があります。

レベル1はライフストーリーワークの基礎になる段階です。まずここが整っているからこそ、レベル2、レベル3に進むことが可能となります。今、生活している施設や里親宅での生活自体もその子どものライフストーリーワークの一つです。子どもたちが何かわからないことがあったり、知りたいことがあれば、それを口にすることができる、大人に聞いてもいいのだと思える環境づくりが重要です。

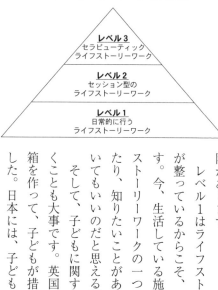

そして、子どもに関するいろいろな情報を集めて保管・保存をしていくことも大事です。英国では、子どもに関するさまざまな資料を入れる箱を作って、子どもが措置先を移動する際に持たせるという話を聞きました。日本には、子どもの情報や資料の保存という点では、大きな課題があります。児童相談所の児童記録はライフストーリーワークの大事な素材であるというお話をしましたが、養子縁組などの一部のケースを除いて、多くの児童相談所では子どもが大体二五歳から二六歳に到達すると、児童記録が廃棄されます。

以前、四〇代や五〇代になってから自分のことを知りたいと児童相談所に連絡されてきた方がおられます。かつて施設で暮らしていたことがあった。生活がある程度落ち着いたので、自分がどうして施設に入ったのかなどを教えてほしいと言っておられました。けれども、そうなった時に、その人の児童記録は廃棄されて存在していないのです。

英国では、個人の記録も一〇〇年保存とされています。英国にはアーカイブという記録保存の歴史があり、日本とは大きく異なるのです。

次に、レベル2はライフストーリーワークをセッションで行う段階です。大阪ライフストーリー研究会では子どもと一緒に特別な時間をとって、生い立ちを整理するワークを進めることをめざして活動してきました。このレベル2については、後で詳しく取り上げたいと思います。

そしてレベル3はセラピューティック、治療的ライフストーリーワークの段階です。子どもたちが負ったトラウマからの回復をも視野に入れたものです。まずレベル1、レベル2がしっかりしていないとレベル3にいきません。まだ日本はレベル3の段階にはいたっていません。

かつて、英国を訪問した際に、セラピューティック・ライフストーリーワークを実践していた施設を訪れました。SACCS（サックス）という重篤な虐待を受けた子どもたちの治療施設になります。二人のソーシャルワーカーが性的虐待を受けた子どもたちのために作ったもので、英国全土から子どもたちが来ていました。その中には里親宅を何十ヶ所も渡り歩いた子どもたちもいたと言います。

ここは三部門に分かれていました。子ども五人につきケアに当たる職員は一二名という手厚いセラピューティックな日常生活のケア、そして様々な心理治療部門、そしてライフストーリーワーク部門が協力して、子どもたちのケアを行っていました。子どもたちの生活がある程度落ち着いてから、ライフストーリーワークに取り掛かるということでした。

ライフストーリーワーカーの方にライフストーリーワークを行っていた部屋を見せてもらいました。たくさんの感情の言葉が書かれたポスターや怒った顔、泣いた顔などいろいろな表情のポスターが貼ってあったり、泣いていたり、笑っていたり、怪我をしたりする子どもの人形がありました。ライフストーリーワークのブックをパソコンで作っていったものや、巻物に子どもとライフストーリーワーカーで言葉や絵をどんどん描いていったものも見せていただきました。

この施設の運営には日本の施設の費用に比べ、遥かに高額の費用がかかっており、驚かされました。けれども、その後の子どもたちの人生が困難を抱えるとしたらどうでしょう。例えばずっと病院に入院していなくてはいけない、犯罪の被害に遭う、反対に犯罪の加害者になる可能性が高いということを考えると、そのために費やす費用は非常に高額なものになります。それならば、子ども時代に高額であったとしても丁寧なケアを提供することが非常に重要なのだと、設立者の方が熱く語ってくださったのを覚えています。

しかし、現実問題として、やはり財政的に難しかったのでしょう。残念なことに私が訪問後、しばらくたって、この施設は運営主体が変わり、普通のグループホームに変わったと聞いています。SACCSはもうありませんが、日本でもレベル3のセラピューティックライフストーリーワークを早く導入していきたいとも考えています。

## ●セッション型で進めるライフストーリーワーク

次にレベル2のセッション型で行うライフストーリーワークの進め方についてもう少し詳しくお話ししましょう。英国ではライフストーリーワークを三歳くらいから始め、繰り返し何度も実施するそうですが、日本ではなかなか難しく、一〇代に入ってから実施することも多い状況です。

始めるきっかけとしては、子どもたちの方から自分の家族のことを知りたい等のニーズが出てきたときや、児童相談所や施設側が、ライフストーリーワークをする必要性を感じたときがあります。例えば、施設や里親宅から離れて、自立して暮らしていく前に整理をするとか、措置変更が予定されているときが多いように思います。

日本には専門のライフストーリーワーカーはいませんので、児童相談所の職員が行ったり、施設の職員が行ったりしています。研究会を始めた頃は児童相談所が行うことが主でしたが、今では、結構、施設主体で行われているところも出てきています。いずれにしろ児童相談所と子どもたちをケアしている里親や施設が連携をとってライフストーリーワークを進めていくことが大切です。

セッション型のライフストーリーワークを進めるために、その子どもに関わる情報をとにかくたくさん集めていきます。現在や過去のさまざまな情報を集め、児童記録を読み直して、読み解いていきます。そのうえで、関係者が集まって、ライフストーリーワーク実施のための計画会議を行います。子どもたちが自分について知っていくために、どのようなことが必要か、どのように進めるのかを検討していきます。誰が子どもとともにワークを進めるのか、どこで行うのか、いつするのか、何回するのか、それぞれの回に何をするのか等を考えます。

ライフストーリーワークの説明をし、そこに参加する同意を子どもからとることが大事です。保護者にもライフストーリーワークを行うことを伝え、資料を提供してもらったり、話をしてもらうこともあります。

児童相談所の職員がライフストーリーワークのセッションを行う担当だったとすると、セッション自体は一時間とか一時間半ですが、その時間で子どもたちがその内容を理解したり、受け入れることはできないことが多くあります。後でモヤモヤしてきたり、聞きたいことができてきたり、感情が揺れ動かされたりすることがあります。

私は、子どもが嫌がる場合は別にして、施設で暮らす子どもたちとライフストーリーワークをやるときは、その施設の担当の職員の方に同席をお願いしていました。その場に一緒にいてもらっていると、その整理できない気持ちについて、「あぁ、あの話のことだね」とか、「もっと聞きたいんだね」とか、「どんな気持ち?」とかいう話をして、生活の場所でフォローアップしてもらえることが非常に大事だと思っていました。

セッションを実施するなかで子どもが不安定になったり、拒否的になったりなどスムーズに進まない場合、どんなふうに対応するのかも、あらかじめ予測して打ち合わせをしておきます。ここをしっかりやっておくと、何か不測の事態が発生しても、対応していけるという準備性が関係者にあります。すると実際には、あまり大きなことは起こらなかったと記憶しています。

セッションを進めるために、ライフストーリーワークを担当する大人と子どもの関係づくりは非常に重要です。セッションを行うときに、「では、今からライフストーリーワークしますね」と言えば始められるというような簡単なものではありません。まず子どもがこの人と時間を共有していいと思ってくれるように、子どもとの関係作りというのを非常に大事にします。

またちょっとしたゲームをしたりもします。例えば、ジェンガという木の四角い棒を交互に積み上げたものを一個ずつ抜いていく遊びがあります。それで倒れれば負けというゲームですが、そのジェンガの木の棒にいろいろな質問を書いておきます。例えば好きな食べ物は何？　とか、好きなアイドルはだれ？　など、簡単な質問が書いてあり、お互いに質問をし合いながら、お互いを知っていくことができます。

カードを使うこともあります。例えば、いろいろなお弁当の写真がついているトランプで、「どのお弁当を食べたい？」と聞いて、お互いに選び合うことをします。社会的養護の下で暮らしている子どもたちの一部は、選択するというのが苦手です。与えられるものを受け取るってことはできますが、自分はこれが好きでこれは嫌いということをあまり表すことができません。そのためカードという遊びを通して、選択をする練習をしていきます。

様々な感情を表した表情が描いてある感情カードを使うこともあります。社会的養護の子どもたちに限りませんが、「今どんな気持ち？」という話をすると、「別に」とか「うざい」とか「普通」とかという答えが返ってきます。自分の感情を味わうことがなかったり、感情が分化していなかったりします。感情カードをお互いに引き合い、最近このカードの気持ちになったことあった？　などとお互いにエピソードを感情と結びつけるやりとりをすることもあります。ゲーム感覚で感情に慣れる、感情にいい悪いはないことを伝えていくこともしていました。

このように子どもとの関係づくりとともに、ライフストーリーワークの準備をしていくのです。内容はその子どもに合わせてオーダーメイドで作ります。ライフストーリーワークで扱うのは過去のことだけではなくて、今の生活やかかわっている人たち、エピソードも大事です。大体、今のその子どもの生活を振り返るところから始めることが多いように思います。

その後、赤ちゃんだった頃や小さかった頃の写真やエピソードをたどったり、ジェノグラムを書いてみる。また、これまでどういう場所で過ごしてきたのか引越しの経過をたどり、それを地図に描いてみることもします。思い出の場所を一緒に訪ねることもあります。今は施設で暮らしていたり、里親と暮らしているけれども、かつては乳児院にいた子どもと、その乳児院を訪ねたり、生まれた病院を訪ねることもあります。

ライフストーリーワークは、真実告知だけではありません。ブックを作ることもありますが、それが目的ではなく、子どもと一緒に探求していくプロセスを大切にしています。子どもに生い立ちに関する情報を伝えるなかで、どんな気持ちがしたのか。例えば、悔しいのかなとか、腹がたってるかなとか、羨ましかったのかなとか。こういうときはこんな気持ちが出てきていいんだよと、細やかな感情を知る探求の旅に子どもと一緒に出るのです。その際に感情カードをよく使います。子どもたちにライフストーリーワークを説明するパンフレットを作ったことがあります。その一部をご紹介します。

ライフストーリーワークとは子どもに注意を注ぐことです。子どもが実は聞きたかったけど聞きにくかったという質問に答えを提供したり、頭の中でモヤモヤしたり、いろいろな空想をしていたことを、事実はこうだと伝えることもあります。つらいことをあえて知らなくてもいいのではないかという大人の視点で良いこと悪いことを判断するのはよくないと考えています。

たとえば…
小《ちい》さかったころをふりかえる
どんな赤《あか》ちゃんだったのかな？
小《ちい》さなころのことを調《しら》べてみましょう
たとえば…
家族図を書いてみる
あなたと家族のつながりをたどってみましょう。
たとえば…
これまでをたどってみる
住《す》む場所《ばしょ》がかわったり、
一緒《いっしょ》に住《す》む人がかわったり、
いろいろなことが
あったと思います。
これまでの出来事《できごと》を
ふりかえってみましょう。

## ●ＩＦＣＡの絵本の作成

ライフストーリーワークのレベル1、子どもたちが自分自身のことを日常的に聞いていいと思える環境をつくることの大事さをお話ししました。そして、子どもたちの情報をどのように伝えていくのかについてもお話をしてきました。このところを進めやすくするためにＩＦＣＡの社会的養護を経験した若者たちと作った絵本を紹介したいと思います。

ＮＰＯ法人ＩＦＣＡとは、インターナショナル・フォスターケア・アライアンスという組織の略称です。アメリカで長くソーシャルワーカーをやってこられた粟津美穂さんが、米国で社会的養護の子どもたちとたくさん出会う中で、米国と日本は言葉も文化も人種も民族も制度も違うけれども、社会的養護で暮らす若者たちの困難がかなり共通していると気づき、日米両方に社会的養護を経験した若者の団体を作りました。グローバルな視点で子ども家庭福祉の改善を目指して活動しています。

ＩＦＣＡでは、実際に自分が社会的養護を経験した若者は、この分野の経験専門家だとして、当事者の声を支援現場に生かす活動をしています。社会的養護を経験した若者のことをユースと言い、その活動を支援する大人のことをサポーティングアダルト、ＳＡと呼びます。私はこのＳＡとして活動しています。

絵本作成の企画の発端は二〇二〇年の春でした。ＩＦＣＡの日米の交流プログラムで日本のユースたちが渡米をしました。

米国の社会的養護に関する制度を学んだり、米国の当事者ユースたちとの交流を行ったのですが、その中でフォスタークラブという当事者団体を訪れた際に、『Foster Cub』という絵本を教えてもらいました。これから里親宅で暮らす子どもに対して説明をする絵本だと聞いたユースが、日本に紹介したいと強く希望しました。フォスタークラブから了解をもらい、持って帰ってきた絵本を翻訳しました。ところが、日米の制度は大きく異なります。米国はほとんど里親宅で子どもたちは暮らしており、施設というのは本当に限られた数しかありません。米国のものを翻訳しただけでは日本には使えないとわかりました。

絵本を持ち帰ったユースは絶対に日本の子どもたちにもこのようなものがほしいという強い希望を伝えてくれました。そこで、日本版を作ろうというプロジェクトが立ち上がりました。

プロジェクトメンバーは当事者ユース三人とＳＡである私が加わった四人でした。二〇代の女性のユース三人は乳児院から児童養護施設を経て、ファミリーホームで暮らしたことがあったり、幼児期から同じ児童養護施設で自立まで暮らした経験を持っています。うち二人は今、社会的養護の子どもたちを支援する仕事に就いています。

彼女たちの生の経験をこの絵本に反映させたいと思いましたが、ちょうどコロナ禍で実際に会うことはできず、毎月『Foster Cub』を元にどんなふうに作っていったらいいかについてオンラインで対話会を続けました。そして、約一年をかけて絵本を完成させることができました。『Foster Cub』を参考にしながらも、かなり改訂したり、新しい項目を加えたりして三二頁の絵本となりました。

厚生労働省の「新しい社会的養育ビジョン」の中には、「代替養育というものは、永続的な解決ではなく限られた期間の養育であり、したがって、ケアを受ける場所の移行は存在する。その移行期というのは、子どもにとって最も不安が高くなる時期である。現在の環境の喪失体験であり、次の養育の場所への適用も同時に必要となる時期である。このようなときこそ、子どもに十分に説明をして、子どもの意見を聞いて、子どもの尊厳を大切にして、子どもが無力感を持たないようにする、そのような配慮が必要だ」と書かれています。

移行期は、自分を養育してくれている人との別れだけではなく、自分がこれまで関わってきた家族以外の人や場所、物との別れです。この絵本の対象は、自宅を離れて、これから社会的養護で暮らすことになる一時保護中の子どもたち、もしくは施設や里親、ファミリーホームに入ったばかりの子どもたちとしました。これから、そこで生活する子どもたちに伝えたいこと、そして子どもたちが質問したいことや話したいことを引き出せるようにと考えました。

対象は『Foster Cub』にならって四歳ぐらいから中学生ぐらいと想定しました。当事者の若者が考える移行期の子どもたちが自分の状況を自分で理解して、思いを話せるようにするために必要な支援は何なのかを考えながら作ったものとなります。

三人のうちの一人のユースは絵が非常に上手で、イラストを担当してくれました。とてもかわいく、癒される絵だと好評をいただいています。

## ●『これから新しい生活がはじまるあなたのために』の紹介

絵本の内容についてご紹介していきます。まずタイトルは『これから新しい生活がはじまるあなたのために　知りたい　聞きたい　伝えたい』としました。これは、表紙に里親や施設という文字は出てこないようにしてほしいというユースの声を反映しました。

この絵本のガイド役は表紙の「ぴっと」と鳥のマインです。ガイド役の名前をどうするかについて、四人でかなり頭を悩ませました。「ぴっと」は自動車のレースなどで、給油や修理のために一時的に車がピットに入るピットインという言葉から連想しました。また、マインは私自身という英語から名付けました。

表紙をめくると、この絵本がどういうものなのかが説明されています。絵本はところどころに空欄があり、自由に書き込めるようになっています。自分で書き込んでもいいし、大人に書いてもらうこともできます。そして、今はやりたくないところは、無理にする必要はないと書かれてあります。これも対話のなかで、自分がどうしたいのかを選択できるようにしたいというユースの声を反映させています。

「どうして自分はここで生活してるんだろう?」というページがあります。自分が家を離れて暮らす理由について話し合うページです。大人の理由がたくさんあるという例を短文で示してあります。理由は一人一人違うのだということを示しています。「例えば家族がいない。お父さんお母さんが病気だったり、生活の問題を抱えていたり、自分の問題を抱えていたり、子どもを育てるのはね、簡単なことじゃ実はないんだよ、応援がいるんだ。お父さんお母

さんはね、今はきみのことが、育てることが難しいのかもしれない」としました。

そして、ここでは大事なメッセージを鳥のマインが言っています。「これだけは覚えておいて、きみのせいじゃない！」。多くの子どもたちが、家で暮らせないのは、自分のせいで、自分が悪かったから社会的養護にいるんじゃなかろうかと思っているため、この部分を強調しています。

けれども、子どもを育てるのは結構大変なことなんだと子どもに伝えても、なかには自分が頑張るから大丈夫と言う子どもたちもいます。そのため、横のページには、子どもたちが元気に育つために必要とされることを書きました。ご飯を作ってくれたり、洋服を洗ってくれたり、部屋を綺麗に掃除してくれたり、必要なものを買ってくれたり、あなたの話を聞いてくれたり、質問に答えてくれたり、そしてあなたを助けてくれたりする。子どもを育てるためにはいろいろなことが必要であり、家の人がそれをできないときには、代わりにあなたのことをお世話する人がいることを伝えていきます。

そこから「児童養護施設、里親家庭、ファミリーホームってなに？」というページに繋がっていきます。いろいろな理由で家族と暮らすことができない子どもたちを家の人に代わって育てることを社会的養護ということ、児童養護施設や里親家庭、ファミリーホームはどういうところかについて説明してあります。

特に里親家庭で暮らしている子どもは、このような状況にいるのは自分だけではないのかと思っていることがあります。そのため、他にも同じような状況の子どもたちがいることを厚生労働省が出した社会的養護の子どもたちのデータを用いて、示してみました。

そして、子どもたちが元気に育つためには、安全な場所、必要なお洋服や食べ物、おもちゃや漫画や本、いろんな楽しい経験、そしてあなたを気にかけて力になってくれる人、あなたを育ててくれる人が必要なのだということを示しました。

ほとんどの子どもが里親家庭で暮らす米国とは異なり、日本には施設、里親家庭、ファミリーホームなどいろいろなところがあります。また、児童養護施設と言っても、大舎・中舎・小舎制、地域小規模施設などのいろいろな形がありますので、紹介のページはほぼ白紙にしました。そこはどんな場所にあって、どんな建物なのか、またそこの暮らしの流れについても平日はどう過ごすのか、休日はどう過ごすのか。そういったことをこれから子どものケアにあたる里親や施設の人に聞いたり、写真や資料を見せてもらったりしながら、あらかじめ新しい場所での暮らしを理解をしてから、移動することができるように作りました。

その他、「どうやったら安心して眠ることができるのかを教えて」というページもあります。眠るということはとても大事なことです。過酷な状況で生活していた子どもたちは、夜によく眠れないことがあります。例えば子どもが寝静まった後、お父さんがお母さんを怒鳴りつけたり殴ったりっていうようことは、子どもは知らないと思ってても、実は知ってるんですね。

その他、虐待家庭では、夜が安心ではないということがあります。だから、あなたはどうやったらゆっくり眠れるのかを教えてほしい。この対話をするだけでも子どもたちは自分のことを大切に考えているという理解に繋がっていきます。

子どもと遊び感覚で書いていくページも作りました。新しい環境に入ったとき、みんなに私のことをどんなふうに伝えたらいいかな、というページです。誕生日のこととか、虫歯があるかとか、右利きなのか、左利きなのかとか、眼鏡はかけているのかとか、簡単なやりとりをするなかで、子どもたちの心のガードが外れます。「好きな食べ物は何？」、このときに併せてアレルギーの有無を聞いておきます。好きな色は何色とか、季節は何が好きとか、「新しい環境に入った時、あなたは静かな方？　それとも慣れてきたら賑やかになる？　または初めから賑やか？」というようなことも聞いてみます。新しい環境に入る準備性をやりとりをしながら、整えていきます。

あるページには、「男の子です」、「女の子です」という選択肢以外に「わからない」というものと、空白欄も作りました。これはＬＧＢＴＱの子どもたちのことを意識して作りました。社会的養護に入る初めの時期にこの話ができればしておきたいと思い、付け加えました。

また、あなたが好きなこと得意なことはどんなことでしょうっていうページも作りました。ゲームが好きとか、運動が好きとか、本が好きとか、音楽が好き、ダンスが好きとか、自分が好きなことをいろいろ書いてみようと声をかけます。好きなことを話すと元気が出ますね。そして、子どもを引き受ける施設や里親家庭では、その子どもの好きなことをあらかじめ知っておくことで、受け入れの準備ができます。

移行期というのは家族だけではなく、これまで関わってきた人たちとの別れです。今は別れたとしても、また連絡を取りたい人もきっといるはずです。その人のことについて教えてというページになっています。

また、自分が施設や里親家庭で暮らしている間、家族はどうしているのか、ということを話し合うページも作りました。例として病気を治そうとしてるとか、仕事を探そうとしているとか、子どもたちに良い関わりをするために学んでいるんだとか、そういったことを短文で書き表しています。

このテーマについて話をすると、子どもなりに理解していることがあることがわかります。それが正しいこともあれば、実は誤解だったりすることもあります。「ええ？　そんなこと考えてたのか」と驚くこともありました。その誤解を解いていくと、「ああ、そんなことだったのか」と、子どもの悩みが一気に解消したりすることも実際にありました。子どもは最悪のことを考えたりすることがあるのです。

移行期は、「もの」との別れでもあります。あらかじめ準備をして、社会的養護に来る子どももいれば、突然保護されて、そこから家に帰ることなく、社会的養護で暮らすことになる子どももいます。そうなると、大切なものも全て家に置いたままということもあります。その子どもにとって、大切なものについて話をすることで保護者と話をすることができます。

その横には、学校についてのページがあります。社会的養護に入ると施設、里親家庭があるところの地域の学校に通う子が多いのですが、子どもによって、学校に対して持っているイメージが異なります。例えば、家は大変だったけれど、学校が癒しの場だったと話してくれる子どももいます。

そうだとすると、元の学校との別れはとてもつらいものになります。

反対に学校に行けなかったとか、飛び飛びにしか通っていなかったという子どももいます。そうなると、今度、新しい学校に毎日通うということは負担を感じることになります。そのため、これから通う学校のことを説明するとともに、その子どもの持っている学校のイメージ、学校のことを考えるとどう感じるのかという話をして、学校への準備性を整えていくっていうこともしていきます。

絵本を読み進めていくといろいろな気持ちが浮かんできます。この絵本にも、感情カードのエッセンスを組み入れました。「感情と仲良くなろう」というページです。ぴっとのいろいろな顔の表情があり、「今のあなたはどんな気持ち?」と聞いてみます。このページはよく活用していますと絵本を使ってくれている児童相談所の方から教えていただきました。

今、子どもの知る権利、そして子どもの意見表明権、特に社会的養護の子どもたちの意見表明を進めていこうという取り組みが進められています。しかし「さあ、あなた、言いたいこと言っていいよ」って言われても、これまでそのような環境にいなかった子どもたちは言えるはずがないのです。

では、どうすればよいかというと、土壌の育成が必要だと思います。子どもたちが聞いていい、話していいと思える環境。先ほどのライフストーリーワークの第1レベルですね。そのような環境があって、そして聞いたときにいろんな情報が揃っていて、子どもの目線で説明してくれることが大事です。土台が整ってくると、自分の中に意見が出てくるのです。

自分を知ってくれている人、自分の横にいてくれる人との長い継続的な繋がりは、子どもの育ちに重要な意味を持ちます。社会的養護の下で暮らす子どもたちにとって、人・もの・場所が繰り返し分断されることが問題だと言えます。

今日ご紹介した、『これから新しい生活が始まるあなたのために　知りたい　聞きたい　伝えたい』の絵本の作成期間は社会全体が新型コロナウイルス感染症により分断していた時期でしたが、オンラインを用いて四人は繋がり続けることができました。この約一年はとても濃密な時間でした。

現在、何か所もの児童相談所でこの絵本を一時保護中の子どもたちに使ってもらっています。ライフストーリーワークを始める前段階にこの絵本を一緒に埋めていくとスムーズに始めることができるというご意見もいただいています。絵本は支援に当たる大人向けの使い方マニュアルとセットで、ＩＦＣＡのホームページで購入することができます。子どもの支援にあたっておられる方にはぜひ活用していただければと思います。

## ●ライフストーリーワークの必要性の広がり

今日は私が児童相談所時代からずっと続けてきたライフストーリーワークについてお話をしました。今回のテーマは社会的養護の子どもたちのライフストーリーワークでしたが、実はライフストーリーワークは、どの人にもどの子どもにも必要ではないかと思っています。

例えば、ＡＩＤ（非配偶者間人工授精）で生まれた人たち。ＡＩＤの歴史も長くなってきました。初期にＡＩＤで生まれた子どもたちは成人になっています。大阪ライフストーリー研究会を立ち上げた才村先生は、今このＡＩＤで生まれた人たちとのライフストーリーワークに取り組んでおられます。才村先生のお話をうかがっていると、ＡＩＤの方たちにもライフストーリーワークが必要だということがわかりました。

虐待を受けたわけでもない、恵まれた家庭で大きくなった人たちも多いのですが、自分はどうやって生まれたかということを伝えられないまま大人になっていき、ある時、あるきっかけがあって、自分がＡＩＤで生まれたんだということを知ります。それまで、大学に進学するなど順調に人生を歩んできた人たちなのですが、それを聞いた瞬間に足元にぽっかり穴が空いたとか、全て基盤が崩れたとか、全てのことが嘘だったんではないかっていう思いに囚われて、今の生活が維持できなくなったというようなエピソードがたくさん語られます。

ある人は、親からＡＩＤで生まれたことを聞いたときに、ああ、やはりそうなんだと思ったと言うんですね。何か隠されたこと、何か秘密があるという雰囲気がうちの家にはあったのだと話されていました。親が言ってなくても、子どもたちは感じ取るのです。ＡＩＤの科学はどんどん進化していますけれども、子どもたちが自分のルーツを知るということの結びつきは、大きなテーマかと思います。

他にも、養子縁組の子どもたちに、できる限り小さいときから少しずつ自分たちの情報を伝えていきましょうという流れに変わってきています。そして、離婚や再婚を経験する子どもたち。一体なぜそうなっていくんだろう、これからどうなっていくんだろう、説明を受けていない子どもたちもたくさんいます。秘密がそこにあると、子どもたちは最悪のことを考えるかもしれません。その思いに囚われてしまって、自分を生きられないことがあるかもしれません。

これからはライフストーリーワークの重要性を伝えると共に、セラピューティックライフストーリーワークを日本に実装することにも取り組んでいきたいと思っています。

今日はご清聴ありがとうございました。

**【参考文献等】**


才村眞理『生殖補助医療で生まれた子どもの出自を知る権利』福村出版、二〇〇八

才村眞理、大阪ライフストーリー研究会『今から学ぼう！　ライフストーリーワーク―施設や里親宅で暮らす子どもたちと行う実践マニュアル』福村出版、二〇一六

リチャード・ローズ、テリー・フィルポット著、才村眞理監訳『わたしの物語―トラウマを受けた子どもとのライフストーリーワーク』福村出版、二〇一二

ＩＦＣＡ『これから新しい生活が始まるあなたのために　聞きたい・知りたい・伝えたい』https://www.ifcajapan.org/index.php

Foster Club『Foster cub』https://store.fosterclub.com/


（花園大学人権教育研究会第118回例会・二〇二二年十二月一日）

# 仏教と人権

## 差別の要因

中尾良信

**■中島志郎**（花園大学文学部仏教学科教授）

仏教学科の中島と申します。中尾良信先生の最終講義をお願いする前に、先生の人となりをごく簡単にご紹介させていただきます。

中尾先生は一九五二年、兵庫県のお生まれで駒澤大学に進学され、修士課程を一九七七年に修了され、八〇年、博士課程修了、その後、曹洞宗宗学研究所で研鑽を積まれ、一九八九年、花園大学文学部専任講師として着任されました。ご専門は日本の禅宗、中世の禅宗史で、一九九一年、助教授に昇任され、一九九六年に教授に着任されて今日に至ります。その間に人権教育研究センター研究員を務められ、所長にも就任されています。

経歴として特筆すべきことの一つは、一九九〇年、日本印度学仏教学会で学会賞を受賞されております。主な論文、著書はここに挙げきれませんが、日本の名僧9、『孤高の禅師　道元』を二〇〇三年に刊行されまして、たくさんの論文発表や著書が続きます。最近も『栄西　大いなる哉、心や』という単著をミネルヴァ書房から刊行されています。

思い起こせば一九八九年、ご着任の当時、時あたかも西村恵信元学長、沖本克己元副学長のお二人が、非常に自由奔放な振る舞いで仏教学科に進取の気風を採り入れようとされていた、そういう時代であったかとも思います。その典型的な例としてまさに最初の白羽の矢が立ったのが中尾良信先生でして、改めて言うまでもなく当時としては斬新な人事でありました。

曹洞宗の禅僧であり、駒澤大学のご出身で、西と東、東京と京都では学風も違うのですが、そこを超えて英断を振るってくださったのは西村恵信元学長、沖本克己元副学長でした。沖本先生を西村先生が引っ張っているという雰囲気だったかと思いますが、その要請に応えられてご着任いただいたのが中尾良信先生で、ご本人も、そこはずいぶん葛藤があったのではないかなと思います。それが今日の斬新な人事に引き継がれています。ご存じのように佐々木閑先生も真宗のお寺のご出身だし、最後に、出家の気配もない在家の私が三番目に座っています。

ともかく花園大学に新しい風を吹き込もうという雰囲気の中で、中尾先生が先頭に立って兄貴分として尽力をしていただいた。仏教学の世界では西と東は勝手にやっている風があって交流というのも決して濃い関係ではないのですが、そこをあえて一生懸命、最後まで現役でご尽力いただいたのが中尾良信先生でした。東西の禅宗の学問に寄与することも甚だ大であったと思います。最後まで敬意をもってご紹介したいところでございます。簡単ではございますが、以上とさせていただきます。

＊　＊　＊　＊　＊　＊　＊　＊　＊　＊

花園大学文学部仏教学科の中尾良信でございます。本年（二〇二二年）の三月三一日をもって退職ということになりました。特任教授の退職は満七〇歳です。実は私は四月一日生まれでして、三月三一日で満七〇歳ということになります。ですから、もう一日遅く生まれていたら更に一年間教員としてがんばれたのですが、残念ながら四月一日生まれということで今年度をもって退職ということになりました。

中島先生から過分なご紹介をいただきましたが、曹洞宗の寺の息子として生まれ、曹洞宗の大学である駒澤大学で学びながら、思いがけない縁で臨済宗の花園大学に奉職することになりました。しかし結果的に考えてみると、いろんな意味で本学に籍を得ることができて幸せだったと思っています。

それは、曹洞宗や臨済宗という違いを超えた、禅宗全体という大きな枠を意識しながら研究を続けられたこと、もう一つは、これも大きな意味のあったことですが、八木先生がいらっしゃる花園大学で人権問題に携わることができたということです。その経緯については、二〇二一年度発行の『人権教育研究』にまとめましたので、それを御覧いただきたいと思います。

曹洞宗という教団が、さまざまな意味で人権問題にとり組まざるを得ない状況になった中で、私自身も、そこにかかわることになったわけですが、これは教団が自発的に人権問題に取り組んだということではなく、運動体からさまざまな形で問題点の指摘を受け、それに対して回答するために取り組まざるを得なかったわけです。その過程で、駒澤大学だけではなく他大学の曹洞宗に関係する研究者、また私が所属していた曹洞宗宗学研究所という宗門の研究機関の所員などを集めて、運動体に対する回答を作成する目的で研究活動が行われました。

その活動の中で私が強く関心をもったのが、今日お話をする「戒名《かいみょう》」の問題です。私自身が僧侶であり、住職でありますから、みずから葬儀を執行するわけで、現実に檀家の亡くなった人たちに戒名をおつけしています。「戒名」という表現も、宗派によって異なります。禅宗では「戒名」といいますが、浄土真宗などでは「法名《ほうみょう》」と言います。

しかし、実は亡くなった後に生前の名前と違う戒名をつけるという葬送儀礼は、日本独特のものです。さらにいえば、亡くなった人に戒名をつけるのは、本来であれば仏教の葬儀に限られるのですが、ある意味で日本人の多くが、当たり前のこととして受け入れていると言えるでしょう。

亡くなった人に戒名をつけることの問題点とはなにかと言うと、戒名とは本来はお坊さん、僧侶の名前だということです。一般在家《ざいけ》の人たちが出家をした場合に、出家者つまり僧侶の名前としてつけられるのが戒名ですから、当然ながら自ら主体的に出家をしようという意思のもとに、師匠について得度《とくど》し、その師匠からつけてもらう名前が本来の戒名です。したがって、死んだ後に戒名をつけるということは、ないはずのことですね。ところが現代の日本では、亡くなった人のほとんどに対して、当たり前のこととして行われています。

そうした社会的習慣自体にも問題はあるのですが、戒名そのものの中に生じた人権に関する大きな問題として、「差別戒名」というものが運動体から指摘されたのです。「仏教がかかわる差別問題」の、きわめて大きな要因が「差別戒名」だったということになります。

## ●臨終出家と死後出家

僧侶、つまり出家者の名前が戒名であるという意味では、葬儀という儀式は死者に戒名をつけるということであり、表現を変えれば「死後の出家」あるいは「死者の出家」ということになりますが、どうして日本の社会の中で当然のごとく行われるようになってきたかということが、私の大きな関心の的でした。葬儀のやり方は教団によって違いますが、ある意味で日本の葬儀の原型は禅宗のお葬式と言えます。

遡っていうと、中国の禅僧が仲間のお坊さんが亡くなった時、それを悼むための儀式という形で葬儀が行われてきました。お坊さんですから、すでに出家者の名前、つまり戒名がついています。もともと僧侶のための儀式であった葬儀を、日本の社会で一般在家の人たちに適用したことが、今日のお葬式の原型になってきたわけです。

そういうことが歴史的にどういう形で成り立ってきたのかを、宗門の人権問題にかかわる研究会で考えてきましたが、思いがけないところでヒントを得ることができました。私が参加していた科研費の研究グループでいっしょに研究していた方が、平安時代の天皇や公卿《くぎょう》、いわゆる貴族の人たちが亡くなる前、余命幾ばくもないと悟った時点で出家をするという、いわば「臨終出家」の事例を示す史料が多く見られるということを確認し、研究会で報告されたのです。

その方が確認された史料と、鎌倉時代、中世以降に禅宗式のお葬式が盛んになる傾向を結びつけた時、私が申し上げた「死者に戒名をつけることが、どうして日本の社会の中で成立したのか」ということが、何となく流れとして見えてきた感じがいたしました。それが今日最初にお話しする、「臨終出家と死後出家」という問題です。

平安期、天皇が亡くなる直前と言える時期に、僧を呼んで出家している例が多いことが、いくつかの史料からわかります。中には出家をしてから五カ月くらい、けっこう時間がたって亡くなった例もありますが、おそらくは「もう自分は長くない」と思って出家したところが、思いがけず生き延びたということであったと思われます。

まずは天皇が「臨終出家」をする事例が見られますが、背景として、生きている間は氏神《うじがみ》の守護に頼み、亡くなった後は仏さまに頼って成仏する、いわば神仏の分担、神さまと仏さまに頼るテリトリーが分けられていた、ということがあったのかもしれません。

ともあれ平安期、天皇から広まった「臨終出家」という習慣が皇族に広がり、さらに公卿、摂政・関白・太政大臣といった天皇の周囲の人たち、多くは藤原氏関係の人たちに広まっていくわけです。そのような経緯で、どうやら摂関期、平安末期頃には臨終出家が習慣として定着していったと考えられます。

そのことを示すと思われる史料があります。摂政・関白・太政大臣を経験した公卿が亡くなった時に、天皇にそれを報告する「薨奏《こうそう》」という習慣があったのですが、出家した公卿の場合には、それを行わないという規定があったという記録です。

『西宮記《にしのみやき》』という史料を見ますと、藤原師輔《もろすけ》の場合「定め有り、出家するに依りて、薨奏・贈位の事行われず」という記事があり、言い方を変えれば「臨終出家」をした公卿の場合には「薨奏」を行わないということが規定として定められており、それが一般化していたということだろうと考えられるわけです。平安期には、天皇・皇族・公卿の間に臨終出家が定着していったことがうかがえます。

天皇のところで「臨終だと思ったのにちょっと生き延びた」という例がありましたが、考えてみれば当然あり得ることです。臨終に際して出家しようと思っていたのに、その前に突然死が訪れてしまったという例も、「もう長くない」と思って出家したところが、元気を取り戻したという例も、実際に史料として残っています。

『小右記《しょうゆうき》』によれば、有名な藤原道長《みちなが》と藤原行成《ゆきなり》という人物が、ともに万寿四年（一〇二八）一二月四日に亡くなっていますが、藤原道長は三代の天皇のもとで権力の頂点に立ったことでよく知られています。私の個人的なイメージからすると、腹黒い貴族の代表みたいな感じがするわけですが、道長は病状が悪化した寛仁三年（一〇一九）に出家したものの、どうやら一命を取りとめたようで、出家してしまいましたから、その後は僧侶として生きざるを得ないことになったわけです。僧として善業《ぜんごう》を積んだ結果、自ら建立した法成寺《ほうじょうじ》阿弥陀堂で理想的な臨終行儀をすることができたといわれています。公卿のことを、そう悪くは言わないのでしょうが、出家をした後、相当な期間、僧侶として過ごしたのが藤原道長の例です。

一方の行成は、妻が亡くなった時に「平日の契《ちぎり》」つまり普段から約束をしていたので出家させた、要するに妻を「臨終出家」させたわけです。普段からの約束で妻を「臨終出家」させたのですから、おそらく「私も死ぬ時には出家するからね」と約束していたのでしょう。自らも「臨終出家」するつもりであったのに、容態が急変して厠へ行く時に転んで頓死、急死してしまったので出家のことが記録に残っていません。

「臨終出家」をするつもりだったのに、出家する前に死んでしまった、ある種の行き違いという齟齬が、当然ながら多くのケースを見ていけば、あり得ると思います。同じように、臨終を迎えて出家儀礼を行い、安らかに死を迎えることができる例ばかりではないと考えると、多くの史料の中に、それをうかがわせるような例が確認できます。

本人の意思を確認できずに亡くなってしまった場合でも、「いや普段からそういう話をしていたし、きっと出家の意思があっただろうから、息を引き取ってしまったが、みんなで髪の毛を剃ってお坊さんにしてあげようよ」というような事例、いわば便宜的な「臨終出家」が、記録の中で確認できます。

その流れを考えていくと、平安時代の天皇や公卿の「臨終出家」が次第に定着していくと同時に、だんだんと形式化していって、最終的には形骸化していったと思われます。本人の意思がどうであれ、亡くなった時には「臨終出家」の形をとる、それが実際には「死後出家」になっても構わないということです。どうやら日本の公家社会の中で「臨終出家」が当然視されるようになり、しかも実際には息を引き取った後に出家の儀礼をすることが、一般化してくると言えるわけです。

では完全な「死後出家」、便宜的ではなく死亡を確認してから出家をする事例が、いつ頃から出てくるか。藤原道長の孫の信長という人物が「死後出家」をしたという記録もありますが、別の史料には死亡する日の朝に出家したとありますので、確実な事例とは言えません。

九条兼実《かねざね》という公家がおりまして、二〇二二年の大河ドラマは『鎌倉殿の一三人』という北条義時の話ですが、そこにも九条兼実が登場します。この人は『玉葉《ぎょくよう》』という日記を書き残しており、当時の貴族や武士たちの政治的な動きが克明に記されています。

実はこの人は息子に先立たれます。『玉葉』文治四年（一一八八）二月二〇日条によれば、息子が臨終となり、最初は息を吹き返すようにご祈祷をするのですが、だんだん体温が低くなって息を引き取ってしまいます。その時に仏厳《ぶつごん》上人、兼実は法然上人と親しかったことが知られていますが、それ以前に親しくしていた仏厳上人と二人で、息子の死顔を確認するんですね。「ああ安らかな顔だ、これは極楽に往生したに違いない」ということで、死亡を二人で確認した後に、出家のことを相談しているのです。

確実に死んだことを確認した後に出家の儀礼をとっている事例としては、この九条兼実の息子の記事が最初と考えられます。

九条兼実は鎌倉初期、征夷大将軍となった源頼朝とも関係が深かった人物ですが、有名な藤原定家の『明月記《めいげつき》』を見ますと、正治元年（一一九九）正月二〇日条に「前将軍《さきの》（源頼朝）去る十一日に出家し、十三日入滅す」と記されており、武家でも「臨終出家」をしたということになっています。もっとも頼朝は馬から落ちて頭を打って死んだという話がありますから、これは事実であったかどうかは疑問です。ただ、こうした記事から見て、おそらく「臨終出家」というものが武家社会にも広がっていたのではないかと推測できるわけです。

## ●禅宗式葬儀の浸透

鎌倉時代になると、執権北条氏を中心とする武士の間に禅宗信仰が広まるわけですが、この時期に中国禅宗の亡くなった僧に対する葬儀が武士に行われるようになり、それが日本のお葬式の原型のような形になっていったと思われます。出家者のための葬儀を在俗（在家）の武士に適用するには、先に僧となる手続きをとらないといけません。

「受戒」して「出家」する、「受戒」という儀式が一般の方にはわかりにくいと思いますが、「出家」をさせることが必要ですね。現在のお葬式でいうと、参列したことがある方も、そういう意識ではご覧になっていないと思いますが、参列者がいくらたくさんいても、焼香は最初からさせてくれませんね。葬儀が半分くらい進行してから司会が焼香を案内します。

焼香をするまでの間に何をやっているかというと、我々は在家の亡くなった方に出家の儀礼を施して戒名を授けているのです。それが済んだ時点からお葬式が始まるので、それから関係者に焼香の案内をすることになるわけです。その意味では現在のお葬式も、これまで述べてきたような歴史的経緯を受け継いでいると言えます。

現在の花園大学の総長は円覚寺の老師でありますが、その円覚寺の開山無学祖元の語録を見てみますと、北条時宗に対して出家儀礼を伴った葬儀が行われていることがわかります。これが後に一般化する「禅宗葬儀」の原型になったと言えます。一五～一六世紀頃には、禅宗式葬儀が、武家をはじめ、さまざまな階層に浸透していったようです。

おそらく葬儀というものも禅宗を中心にして広まっていった、言い換えれば禅宗が一般の人たちに広まっていく過程の中で、「禅宗のお坊さんに頼んだら葬式をしてもらえる」ということが大きな力を発揮したのではないかと思います。もちろんそれだけで片づくような単純な問題ではないのですが、そういうことが大きな要素としてあったことは間違いないと思います。

一五～一六世紀頃にはさまざまな階層に禅宗式の葬儀が浸透していきました。さらに当時の社会階層に対する位牌の書式、つまりはどういう戒名をつけるかを解説したマニュアルのようなものが、この頃にはできています。後でいう「差別戒名」に関しては江戸期のものが多いわけですが、当時すでに身分・階級に応じた戒名のつけ方が、教団の中の史料にありました。それをそのまま「差別的体質」と言うべきかどうかは別として、社会的な身分・階層に対応した戒名の区別が、すでに仏教教団で行われていたことは間違いありません。大きな流れの中でいえば、それが「差別戒名」をつけるということを可能にしたと言えるのではないかと思います。そういう意味では江戸時代に入る以前から、身分・階層を意識した葬儀が行われていたと思われます。

出家受戒するわけですから、僧侶としての名、すなわち「戒名」を与えられるということですが、本来は生きている間に出家するのが当然のところを、葬儀のために死者を出家させているということになります。死んだ後に僧侶にしているということで、曹洞宗ではこれを「没後作僧《もつごさそう》」といいます。ただ、臨済宗ではこういう表現は使ってないようです。まだ厳密に分析はできていませんが、現在の臨済宗のお葬式も、ここで述べたような禅宗式の葬儀が原型になっているのではないかと考えています。ごくまれな例外を除いて、「没後作僧」という表現はおもに曹洞宗で使われています。「没後作僧」という考え方が登場するのは中世末期から江戸時代にかけての史料ですので、この頃には禅宗の葬儀が、社会的により低い身分の人たちに対しても執行されるようになったと考えられます。現在では当然ながら各宗派で異なる形での葬儀が行われていますが、もともとは貴族社会から一般に派生していった「臨終出家」という習慣に、中国から伝来した禅宗式の葬儀が在俗者に適用されたことが今日の葬儀の原型になったということは、一応の流れとして押さえていいのではないかと思います。

曹洞宗の人権関係の諮問委員会で検討している中で確認したのですが、道元の撰述である『正法《しょうぼう》眼蔵《げんぞう》』の中に、道元がはっきりと「修行もしていない人間に、僧侶としての葬儀をしてはいけない」と書いていますから、今の曹洞宗の葬儀を道元が見たら、「お前たちは何をやってるんだ」と怒るかもしれませんね。

江戸期に入ると、お葬式をやるということが当然になってきます。その要因は何かというと、江戸幕府による宗教統制ということです。具体的にそれがどういう形でなされたかというと「檀家制度」です。今の社会の中では、必ずしもすべての人が寺の檀家ということはないでしょうが、檀家であるとか、ないとかに関係なく、人が亡くなると葬儀社に頼んだりして、「自分は寺とつきあいがないから誰かお坊さんを紹介してくれ」ということもあるようです。

実際、私のところにも葬儀社から、私が住職をしている寺の檀家ではない方のお葬式を頼まれたこともあります。その時は私は拒絶しましたが、今だったらもう少し穏やかに対応したかもしれません。そういうことがどういう要因でできあがってくるかということも、仏教の人権問題と大きな関係があるように思います。

## ●権力による宗教統制－檀家制度

歴史的な話ですが、織田信長の比叡山焼き討ちは有名な話です。織豊期頃、信長・秀吉の時代から権力者による仏教諸宗派に対する圧力が強まってきますが、これが江戸幕府になると、もっと強い圧力がかかります。最初、家康は天台宗の天海僧正と臨済宗の南禅寺金地院《こんちいん》にいた以心崇伝《いしんすうでん》というお坊さんに、いろんな宗教行政を担当させるわけです。

崇伝が仏教諸宗派に対する「法度《はっと》」を起草していることは、よく知られています。慶長一七年（一六一二）にはキリシタン（切支丹・伴天連）が禁止され、慶長二〇年（一六一五）には武家諸法度・禁中並公家諸法度とともに、仏教諸宗派に対する法度が制定されて、だんだん教団に対する規制が強化されます。

寛永四年（一六二七）には、これは臨済宗の話ですが、朝廷が大徳寺・妙心寺に対して認めた「紫衣《しえ》」、一番高い位の紫の衣、当然ながら天皇が許可をするのですが、その「紫衣」を幕府が取り消した。「幕府に断りもなく勝手に許すな」という形で取り消したところ、それに抗議したのが有名な澤庵宗彭《たくあんそうほう》という人物です。澤庵はそのために出羽（山形県）上山《かみのやま》に流罪になります。その後、彼は徳川家光と親しくなって、むしろ権力に近づくわけですが。幕府の権力が朝廷を凌駕するようになってくることが、「紫衣事件」で明確になってきます。

以心崇伝が示寂《じじゃく》すると、寛永一二年（一六三五）に寺社奉行が設置され、幕府の機構の中で宗教統制が行われるようになります。本山を頂点とする本寺《ほんじ》・末寺《まつじ》、一般の家庭でも本家・分家というのがあるように、長男が本家を継ぐと次男・三男は分家をつくることが、昔は当たり前とされていました。お寺の関係でも、大きなお寺の住職の弟子が別に寺を開いたり、引退した住職が別のところに隠居寺《いんきょでら》をつくったりして、その弟子の寺や隠居寺が元の寺の末寺になるということで、本末関係ができます。単に本末関係というだけではなく、本寺が認めなければ末寺の住職になれないなど、本寺には強い権力が与えられました。

少し異なる例ですが日本曹洞宗の開祖道元の場合、中国から帰ってきて京都の建仁寺でしばらく時間を過ごした後、京都の伏見の方、深草に興聖寺《こうしょうじ》をつくり、その後に越前、福井県へ行って永平寺を開きます。永平寺が曹洞宗の本山ですので、本末制度では当然ながら興聖寺は永平寺の末寺になります。ところが興聖寺からすると、「うちの方が最初に開かれたのだから、永平寺の方が末寺でもおかしくないだろう」という理屈にもなります。そうした本末争いが江戸時代には多く起こります。

『諸宗末寺帳』という史料ができるのですが、それも何度か修正されて、最終的に「本末」という教団のヒエラルヒー、ピラミッド組織ができあがるわけです。その結果、「寺社奉行」の命令が本山を通じて末端のお寺に通達される、というシステムができあがります。当然ながら本山が頂点のはずなのですが、さらにその上に「寺社奉行」がある形になってくる。そういうシステムができてくる中で、行政上の連絡網として各領国に「録所寺院」が任命され、寺院が幕府の出先機関となっていきます。

寛永一四年（一六三七）、弾圧されたキリスト教徒が九州の天草・島原の乱を起こします。天草四郎という人物が有名ですが、その時の鎮圧に手を焼いた幕府はキリシタン禁止を一層強化します。キリシタンを仏教徒に改宗させる、キリスト教の信仰を棄てさせて仏教徒にする。すべての人を強制的に寺院の檀家に組み込む「寺請《てらうけ》制度」を設けた。これが今日の「檀家制度」の始まりになるわけです。つまり、キリスト教徒でないという証拠は、寺の檀家になっているということです。

それがどういう形で証明されるかというと、本来は仏教を信仰し帰依する人を「檀那」と呼びます。江戸時代の「寺請制度」によって強制された家単位の「檀家」は、ことばとしては今でも生きていますが、幕府から強制的に制定されたものですから、必ずしも個人の信仰に基づかないものです。とにかくどこかの檀家になれと。

ある意味では、日本人は具体的で明確な信仰を持たないとされています。クリスマスをするわ、正月をするわ、神社で結婚式をするかと思えば教会で結婚式をする、教会で結婚式をする人はみんなキリスト教徒かというと、キリスト教徒はほとんどいないでしょう。そういった日本人の信仰心が、ここからくるのではないかという説もあります。

天草・島原の乱の後、幕府や各藩に「宗門改役《しゅうもんあらためやく》」が置かれます。そして各家の家族構成、あるいは性別・年齢などの個人情報を記録した帳簿に戸主が捺印をして、さらに菩提寺の住職がそれを証明する「宗門人別帳《しゅうもんにんべつちょう》」を作成します。そして各寺院から奉行所にそれを提出するわけですね。いわば現在の戸籍や住民基本台帳の機能を、「宗門人別帳」がもっていたということです。

結婚・奉公・旅行などで移住ないし移動する際は、「宗門人別帳」をもとに寺院から発行される「寺請証文」、いわゆる手形を携帯しないといけない。携帯していない人間は無宿人になる。「寺請証文」をもっていないと無免許ということで、時代劇に出てくる通行手形を寺院が発行する形になっているわけです。

さらに言うと江戸時代以前には、一家族が複数の菩提寺に関係している場合もあったようです。日蓮宗がそうだったといいますが、もともと日蓮宗の信者だった家の女性が結婚すると、夫の家が禅宗の檀家だったとしても妻だけは日蓮宗の信者のままであるという事例が一般的にあったようです。しかし、一軒の家の中に禅宗の寺の檀信徒と日蓮宗の寺の信者がいては、宗門のピラミッドで管理をするシステムから外れることになる。当然ながら幕府はそれを禁じて、家族全員が同じ寺院の檀家となるように、一家族一宗旨を強制していったわけです。

妻は結婚したら夫の家の宗旨に変わることが当然で、寺の住職をしている立場から見ると、自分のところの檀家の息子が結婚すると、あたりまえのように結婚した女性も自分の寺の檀信徒だと理解する。住職もそう考えるし信者もそのように考えていることを思うと、江戸幕府が行った「宗教統制」というものが、二一世紀になった現代社会でも、まだ尾を引いているというか、いい悪いは簡単には言えませんが、現在もまだ生きていると言っていい「檀家制度」の中で、そういった江戸時代に定まった習慣が、まだみんなの意識の中にあると言っていいのではないかと思います。

一般の人たちには「必ず寺の檀家になれ」といった一方で、寺の方には飴を与えるわけですね。

つまり寺の檀家になった以上は、お葬式や法事は必ず寺でやりなさい。盆正月には必ず寺につけ届けをしろということを、幕府が命令するわけです。

私は寺で育ちましたから、檀家の人にお米を戴いたり野菜を戴いたりしました。高校で奨学金をもらう時、父親の年収の金額がわりと低かったものですから、審査する人から「こんなんで生活できるんですか?」と言われ、「檀家の人から野菜や米をもらうから生きていけるんです」と言ったら、それも現金換算するように言われたことが記憶にあります。

そういうことも何となく当たり前のようにやっていますが、実際には江戸幕府が寺に対して「ちゃんとつけ届けをしなさい」と命じたのが、今でも生きていると言ってもいいのではないかと思います。

こうした背景の中で、特定のお寺の檀家ではなくても「葬儀は仏教で行うことが当たり前」と考える人が多いのは、江戸時代の制度の影響であり名残とも言えます。江戸幕府による「寺請制度」によって、すべての家が寺院の檀家となる。仏教で葬儀を行うことが義務となった結果、人が亡くなれば僧侶に葬儀を依頼することが社会通念となってしまった。そうやって定着してしまったということが言えると思います。今日でもその状況が生きているというのは、いま申し上げたとおりです。

## ●仏教における部落差別

仏教がかかわる人権問題として、差別戒名ということが大きな話題になりました。仏教における差別事象、人権問題は、「差別戒名」に止まるものではありません。広範囲に渡って差別の要因になることがあります。そのことについては二〇二一年度の『人権教育研究』に論文として書きましたし、授業の中でその話もしてきましたので、聞いていただいた方もあるかと思います。特に葬儀と関連する意味では、「差別戒名」が問題になってくることは当然です。

「エタ」「非人」と呼ばれた被差別身分の人たちも、当然ながら寺請制度、つまりは檀家制度の対象でありますから、寺院の檀家になることを強制されます。被差別身分の人は、特定の寺院の檀家になる場合もあります。ある檀家の人たちが、ほとんどすべて被差別部落の人たちであるという事例もあれば、一寺院の檀家に被差別身分の人と、そうではない人が混在する場合もあります。しかし当然ながら葬儀は寺院によって執行しなければならないわけで、葬儀に関連する場面でも社会的差別を受けることに変わりはなく、結果的に仏教が部落差別を助長した側面は否定できません。

葬儀のやり方でも、一般の人たちと被差別部落の人たちでは高度な部分で違いを設けている。一般の人たちが見ただけではわからないような、儀礼の中ではっきりした差別を行っていることは、寺院に残っている史料で確認ができます。

一六世紀頃に成立していた文献では、社会的地位に対応させて「戒名」をつけているわけですが、その中で「エタ」「非人」などを含めた被差別身分、皮革・藁製品製造やハンセン病など、職業や病気に対する差別を助長するような「戒名」をつける方法が含まれていたことが確認できます。これが「差別戒名」というものになるわけです。

一六世紀にマニュアルができていたということは、江戸時代以前に葬儀の様式が整っていたということであり、仏教の葬儀における差別的な扱いは、必ずしも江戸幕府の身分制度に対応したものとは言えません。被差別部落の要因を江戸時代の「政治起源説」とした時期もありましたが、今は言われなくなったと思います。少なくとも「差別戒名」がつけられたことは、「政治起源説」以前に、仏教の教団の中にその要因があったことは間違いありません。

禅宗などでは、一般的には四文字の「戒名」に、居士・大姉あるいは信士・信女などといった「位階《いかい》」がつきますが、「差別戒名」の場合四文字の戒名に差別的な文字を用いたものもありますけれども、どちらかというと位階の部分や、位階の下にある「霊位」など、いわゆる「置き字」に差別的意味合いの文字を使ったものの方が多いです。

皮を意味する「革」や家畜を意味する「畜」、屠殺の「屠」、動物を殺すという意味の「屠《ほふ》る」を含む位階。下僕を意味する「僕」や、同じ音の「卜《ぼく》」など。さらには、インド社会のカースト制度における不可触賤民とされるチャンダーラ、カーストの最下位に位置づけられたチャンダーラという言葉に似た漢字を当てはめた、いわゆる音写語の「栴陀羅《せんだら》」を位階の中に含むものもあります。

エタの別称を「長吏」といいます。本来は身分の高い役人の意味ですが、同じような発音の「チヨーリン」に転訛した「長林・超林・兆林」。相対的なもので、戒名をランク化はしたくないのですが、他の地域の人の戒名よりも低いランクとされる戒名しかつけてもらえないということもあります。霊位の「位」の人偏をとって「霊立」にした、つまり人でなしという悪い冗談のような戒名も多いです。それを仏教に携わる僧侶がつけていたということを思うと、残念な気持ちでいっぱいになります。

さらに「戒名」の文字が差別的なものではなくても、文字を特殊な形で墓石に彫ることで被差別身分であることを示した「差別墓石」もあります。あるいは「穢多過去帳」「栴陀羅過去帳」といった差別過去帳、つまり別冊になった過去帳があります。また一冊の過去帳の中で、一般の人は行頭を揃えて戒名が書いてありますが、被差別身分の人だけ、戒名を一文字分下げて書いた「一字下げ戒名」といった例もあります。それを見れば、一段下がっている戒名は被差別部落の人たちだとわかるものです。

「差別戒名」は多分に相対的なものも多く、また巧妙にカモフラージュしたものが多いことから、差別を見逃さないという気持ちで見ないと、公平な意識で見なければ見抜けないことが多い。古い過去帳には自殺・事故死あるいは心中など、いろんな事情が「添え書き」されていたり、被差別身分であったり、国籍などであったり、さまざまな添え書きがあります。

それが身元調査の対象として利用されて、興信所の人が寺に電話をかけてきて「こういう家の息子さんの結婚相手として、お宅の檀家のことを調べていますが、どういうお家ですか？」と尋ねられて、住職が答えてしまった例もあります。一九九〇年代に曹洞宗で、檀家の方から「自分は被差別部落とされた地域に住んでいるが、もともとは違う土地の出身だということを証明してくれ」と依頼され、住職が過去帳を使って証明したという事例があって問題になり、糾弾を受けたこともありました。

現在では過去帳は住職以外の者には見せない。私の寺でも私か副住職しか見ません。他の人間、例え家族でも誰にも見せません。ルーツ調査だと言って、「うちのご先祖を知りたい」と訊ねられることもありますが、曹洞宗では、そういうものに簡単に答えないようにということが宗務庁から通達されています。徹底しているかどうかはわかりませんが、電話で聞かれても「そういうことは答えられない」と。「身元調査お断り」というポスターも寺に貼っています。

「差別戒名」は残念ながら多くの宗派に存在しましたが、主に運動体に指摘されるまでは仏教教団で問題にはならなかったんですね。一九八〇年代頃に運動体から指摘と糾弾を受けて、ようやく教団の自主的な調査や差別解消の動きが広まったけれども、なかなかすべての宗派で差別意識の完全な払拭ができたとは言えないと思います。

曹洞宗という宗派は、ある意味で早い時期に運動体から強い糾弾を受けましたから、比較的熱心に対応したと言えると思います。各派事情は違うかと思いますが、臨済宗は、曹洞宗ほど人権問題に対する取組が熱心でない時期が長く続きました。最近はかなり意識するようになってきたと思いますが、いずれにしても主体的な取組とは言い難い。

これは曹洞宗で差別戒名解消の運動、取組をしていた時に実際にあった事例ですが、被差別地域の人たちが十分な教育を受けられない事情もあってか、あるところで宗門の調査員が「おばあさん、あなたの家の戒名は残念ながら差別戒名ですから何とかしましょう」と言うと、おばあさんは怒りだして「うちの和尚さんがおじいさんに一所懸命つけてくれた戒名なのに、お前ら、そんなことを言うのか」と、「差別戒名」をつけられた家から文句を言われたこともあります。それほど「差別戒名」の犯した罪は大きいということです。

## ●意識されない封建意識

人権問題の様相、差別の要因はたくさんあります。「戒名」も日本の歴史の中で考えてきましたが、仏教の根本的な経典類の中に差別的な言葉が用いられていたり、中国の禅宗で物事の真理がわからないことを、目が見えないことに譬えたりするようなこともあります。そういうものを人権問題としてどのようにとらえていくか、十分な取組ができているとは思えません。

一般の社会の人たちの中に、今まで申し上げた仏教が日本の社会の中に歴史的につくってきた通念、自分たちが意識しないで行っている生活習慣の中に、下手をすると差別につながりかねない、人を傷つけることにつながりかねない要素が含まれていることを、皆さん方も意識しなければいけません。それ以上に、僧侶の立場にいる人間がそのことを意識して、檀信徒の人たち、仏教を信仰する人たちに正しい理解を進めていくことが必要だろうと思います。

「二一世紀の社会にも存在する封建意識」というものを、特に私たち僧侶は葬儀という場面で、みなさんが行動される姿を見て強く感じるところです。その責任の多くは仏教の側、僧侶の側にあることは間違いありませんが、一方で皆さん方が意識されていないことが多いということも、知っていただく必要があると思います。

仏教は日本社会の歴史において、宗教本来の役割を果たす以前に権力者の支配のために利用されたということもあり、特に江戸時代には幕府の出先機関として民衆を管理したということで、被差別身分の人たちには、さまざまな形で宗教的な諦めを強いてきました。そのなかで、「差別されることに抵抗しろ」ではなく、「差別されるのはそれなりに理由があるのだから、もう諦めて来世に期待しろ」という言い方をお坊さんたちがしてきた。

本来は供養のために授与する「戒名」についても、例えば「玄田牛一居士」という悪い冗談としか思えないような「戒名」を付けたりしました。なぜこれが「差別戒名」かわかりますか？　縦書きにするとわかりやすいのですが、玄と田をあわせれば「畜」です。牛と一をあわせれば「生」。つまり、畜生の二文字を四文字に分けているのです。知らない人が見てもわからない形の「差別戒名」をつける。自分が僧侶であるだけに、これをつけた坊さんの顔を見てみたいと思うくらいです。わざと「エタ・非人」であることを示すような文字を用いるなど、およそ宗教の目的とは相反する、きわめて悪質な差別を生み出したことは間違いのないことです。

江戸時代は、死者に対する葬儀や追悼法要など、仏教による宗教儀礼をしなければ、いわば市民権を認められない社会でした。結果的に寺院は経済基盤を確保できたことで、積極的に幕府権力に迎合していったと言えます。

近代となって明治以降、特にアジア・太平洋戦争の後、一九四五年（昭和二〇）以後には新しい憲法ができて国民の信教の自由が保障されたのだから、必ずしも仏教による葬儀が強制されているわけではないのですが、今日でも家族が死亡した時には当然のように僧侶に葬儀の執行を依頼するという、ある種の社会通念は生き続けていると言えます。言い換えれば、葬儀は自らの信仰にしたがって執行するのが本来であるけれども、家族の死亡という事実に遭遇するまで、信仰を意識することも特定の寺院との関係もなかった人が、葬祭業者を通じて突然葬儀を寺院に依頼することが、ごく普通に見られる現象です。

最近、簡単な葬式といった葬儀屋さんのテレビコマーシャルがあります。そこまで言うのはどうかという気もしますが、画面を見ていると当然のように鐘と木魚が置いてあります。葬祭業者の人たちも、ある意味で固定観念の中に巻き込まれている。自由な葬式をするというなら、坊さんが使う鐘や木魚が絶対的にある必要はないのですから、それを置くかどうかは葬儀を執行する人が決めればいいわけであって、葬儀屋が予め準備する必要はないと私は思いますけどね。

冠婚葬祭、とくに葬儀の場面で、伝統的な習慣や約束事を遵守しようとする傾向が強いことはわかりますが、そこには「伝統的な習慣を守らないと宗教的な崇りがある」という、一種の畏れがあると言えるかもしれません。

だからといって二一世紀になった今、多くの人はそんな迷信を信じてはいないと思います。信じてはいないが、もしそれを守らなかったとして、その後に何か不都合なことがあった場合に、「それみろ、お前があんなことをするから、習慣を守らないからこんな悪いことが起こるんだ」というようなことを、周りの人たちから言われることを嫌がる、そういう非難を恐れる意識が強いと考えられます。

私たち僧侶が檀家の人たちに、「そんなことは気にしないでやってもいいんじゃないですか」と言っても、檀家の人たちの方が強い意識をもっていることは、いっぱいあります。遺体の扱い方や安置の作法、線香の本数や焼香の回数など。「和尚さん、線香は何本立てればいいんですか、お焼香は何回すればいいんですか？」と聞かれ、「特に決まりはありません」と言うと、意外なことを言われたような顔をされることが多いです。

故人の追悼という意味では、きわめて些末なことに気を遣うことも少なくない。葬儀を執行している時に見ていますと、とくに焼香の順序が、当然のように夫婦であれば必ず夫が先であるとか、長男・長女・次男がいた場合、一番近しい三人の子どもたちが先に焼香すればいいと思いますが、長男一家の焼香が終わるまで長女や次男の一家は待たされるとか、長女の一家が焼香する時、実子である長女より先に夫が焼香するといった場合が少なくありません。

焼香する当人の意識もあるかもしれませんが、葬祭業者がそのように言っているかもしれないし、親戚の口うるさいおじさんが「この順番で」と言っているかもしれない。

私が葬儀を執行している現場で見ていると、そういう現象が非常に多い。個人との親密さよりも社会的立場が優先されるなど、未だに葬儀の場では封建的な社会通念がまかり通っていることは、明らかだと思います。

封建社会の中で部落差別の固定化を仏教が助長した側面もあり、その意味では冠婚葬祭の中で差別の要因が温存される可能性も否定できません。宗教本来の目的や存在意義から言えば、部落差別を含めた不当な差別の否定と解消にこそ、信仰が活かされなければならないと思いますが、残念ながらそこのところは解消できたとは言えないと思います。

これは現実に葬儀を行い、檀家のお参りをする私の立場から感じることですが、コロナ禍で家族葬が当然視されるようになってきました。家族葬という中で葬儀が簡略化していく理由には、経済的な問題、かかる費用の問題もありますが、仏教で葬儀をすることを前提とする限りにおいては、想定された儀礼の手順がありますから、それをどんどん省略していくとすれば、仏教で葬儀をする意味があるのかということを、問題として考えなければいけないと思います。

それとはまた逆に、檀家の人たちの立場や状況から考えると、子どもがいても親の家を受け継ぐとは限りません。うちの檀家の人たちの家でも、子どもさんが仕事で東京に住むようになり、そこで結婚して子どもができ、家庭を営み始めたら、子どもや妻をおいてでも、実家に帰ってくることはありえません。

そういう意味でも、当然ながら今後、檀家は減っていくでしょう。うちの寺でも永代供養、先祖の供養を寺に任せることが増えてきました。「檀家制度」も、いいか悪いかは別にして、コロナ禍によって崩れてくるかもしれない。だからこそ、寺院の社会的存在意義とは何か、お坊さん自身が考えないといけないのではないでしょうか。

そのことは、私が仏教学科の教員である立場から言わせていただくと、本学で勉強している臨済宗のお寺を継ごうという学生諸君は、自分たちが住職をする時に、いま以上に厳しい状況になっていることを覚悟しておかないといけない。そう考えるならば、仏教の立場での人権問題をきちんと考え、僧侶として人権を尊重する意識をもった上で、自分たちの信仰を大事にすることが重要です。教員としては、宗教の社会的存在意義を意識した上でお坊さんになる、という教育をしないといけないわけですが、それができているかといえば、残念ながら全く自信はありません。中島先生をはじめとする残った教員の方々に期待するしかありませんので、私の話は今日、これでおしまいにさせていただきます。

ご静聴ありがとうございました。

（最終講義・二〇二一年三月三日 花園大学教堂にて開催）

# コミュニティに立脚した支援

## 援助専門職に求められるもの

三品桂子

■**福富昌城**（花園大学社会福祉学部教授）

三品先生の最終講義にいらっしゃいましたみなさま、こんにちは。私は花園大学社会福祉学科の福富と申します。三品先生と同じ、二〇〇一年四月に花園大学に着任をいたしました。同期入職の者として先生にメッセージをお届けしたいと思います。

三品先生は本学臨床心理学科で精神保健福祉士養成課程の要として二一年間お勤めくださいました。先生の門下生で現場の精神保健福祉士として活躍しておられる卒業生はたくさんいらっしゃいます。また先生のゼミでは精神保健福祉士と社会福祉士のダブル受験をなさるゼミ生は三回生のうちに卒業論文を執筆してしまい、四回生になると二つの国家資格の受験に向けて猛烈な受験勉強のご指導をなさることで有名でした。その結果は毎年、合格率一〇〇％という結果に表れています。

先生のご研究は精神障害者の地域支援であり、精神障害者のケアマネジメントですが、特にＡＣＴ（包括型地域生活支援プログラム）を日本で展開していくための援助者のスキル研究に非常に大きな成果を上げておられます。先生のそうした研究活動のハイライトは二〇一三年に出版されました『重い精神障害のある人への包括型地域生活支援――アウトリーチ活動の理念とスキル』で大きな実を結んでいます。この大変分厚い著書は、先生がイギリス・バーミンガム、アメリカ・インディアナ州、ワシントン州、そして日本の実践現場での調査研究をもとに論じられたものであり、研究方法論としてＭ‐ＧＴＡを用いておられる質的研究の大著です。

また先生はその研究活動の初期からレジリエンス（resilience）に着目しておられました。これはリジリアンスとも日本語表記されたりしますが、まだ日本語表記が固まりきっていない新しい概念で「非常に困難な状況に直面したとしても人には回復する力がある」という考え方がレジリエンスです。こうしたレジリエンスが注目されるようになったのは二〇〇〇年代の初頭からになります。先生は二〇〇六年に「マネジメント場面における会話のスキル‐ストレングス／リジリアンスモデルの実践」という論文を書かれて、このレジリエンスについて、ごく早くから論じておられます。

先生の花園大学での活動は、二〇〇六年に教授に昇任され、二〇〇八年から一年間は在外研究としてインディアナ大学客員研究員としてアメリカで研究生活を送られました。日本に帰ってこられてからは二〇一三年～二〇一五年まで社会福祉学部長を務められるなど、精神保健福祉士養成だけでなく、大学の管理運営の役割も担ってこられました。

専任教員としての二一年間、大変お疲れさまでした。ありがとうございました。また来年度からは非常勤講師としてお世話になることが決まっています。今後ともどうぞ、よきご指導を賜りますようにお願いいたします。それでは三品先生、最終講義をよろしくお願いいたします。

＊　＊　＊　＊　＊　＊　＊　＊　＊　＊

## 1　はじめに

みなさん、こんにちは。平日のお忙しい中、たくさんの方にお越しいただき、本当にありがとうございます。三月で退職をすることになりました。本学に二一年間勤務させていただきました。

福富先生がご紹介くださいましたように、私はレジリエンスを大切に考えて参りました。レジリエンスとは、「弾力性、回復力、復元力、素早く立ち直る力」という意味の言葉です。もともと心理学の分野で使われていた言葉ですが、今日では、組織論や社会システム論などにも活用され、「さまざまな環境・状況に対しても適応し、生き延びる力」として使われています。

レジリエンスを、どのように花開かせていくのかが、私のテーマでした。人々がもつレジリエンスを開花させるには、環境を整えることが大切だと私は思っています。身体疾患であろうと精神疾患であろうと同じだと思います。

私はレジリエンスの視点から、重い精神障害の人に対しては、地域の中で治療も含めた生活支援をしていくことで回復が可能なのではないかと考えてきました。精神障害のある人を精神科の病院や保護室で現実から切り離すのではなく、対象者の暮らしておられる生活世界へ支援者が訪ねて行って支援することで回復するのではないかという仮説をもっていて、それをどう立証していくのか、また、対象者の方が安心して住み慣れた家で暮らし続けられる社会を日本でどう創っていくのかというのが私の研究テーマでした。

私は京都府で二七年間働き、その後、花園大学に迎えていただきました。着任した年にデンマークのオーフスに行った後、イギリスのバーミンガムに赴きました。その後二〇〇四年まで毎年夏、実習指導の合間を縫ってバーミンガムに一カ月出かけました。みなさん方にもぜひ海外に出かけ、多様な体験を積んでほしいと思います。

私はバーミンガムで「重い精神障害の人でも、三週間、誰かがしっかり支援をすれば入院しなくてもやっていける」という現実に出会いました。私は精神科の外来に勤めていた頃、チームを組み、二四時間ケアをやっていて、「急性期は三週間支えれば入院しなくても乗り越えられる」という経験をしていたので、バーミンガムの二四時間ケアのシステムを、日本でも創れないかと真剣に考えるようになりました。

二〇〇四年から「ＡＣＴ‐Ｋ」という、日本初の民間機関による「包括型地域生活支援プログラム（Assertive Community Treatment：ACT）」のチームを精神科医と一緒に立ち上げました。ＡＣＴ

‐Kについては後程詳しくお話しします。

二〇〇八年に、もう少しACTの技術的なことを勉強したいと思い、アメリカのインディアナ大学に客員研究員として行かせていただきました。そして帰国後、ACTの活動と研究をさらに進めて参りました。

私の研究室がたまたま人権教育研究センター（以下「センター」）の隣だったということから、当時センターの所長であった八木先生にご助言を得たり、事務職員の首藤さんにご相談したりしてきました。今思えば、私はセンターに支えられて大学教員が務まってきたのだと感謝しています。

## ●2 本日の内容

本日、お話しすることは、第一点目は「精神保健サービスの倫理と原則」についてです。第二点目は、「日本の倫理と原則の現状はどうなっているか」をお話しします。第三点目には、「コミュニティに立脚した支援の必要性」を、第四点目にコミュニティに立脚した支援をする「ACT‐Kのスタッフが、どんなことをやっているのか」をお話しします。これらのことから第五点目は、「専門職はどういう姿勢をもてばいいのか」をお伝えし、最後に「花園大学の卒業生や在学生の人にお願いしたいこと、期待すること」や「花園大学に期待すること」をお話しさせていただきたいと思います。

## 3 イギリスのバーミンガムで

二〇〇一年夏にイギリスを訪れた時、使われなくなった病棟が二〇棟くらい広い敷地の中にありました（図1）。バーミンガムは一九九一年から「脱施設化」を開始し、専門職も患者さんも精神科病院から地域に出ていきました。スタッフは小さなマンションの一角にアウトリーチチームのオフィスをつくり、利用者が地域で生活できるように支えていました。この病棟は、二〇〇三年に訪れた時には無くなり更地になっていて、二〇〇四年には土地そのものが売り払われていました。一九九一年から病院の解体を始めて一〇年ちょっとで、そこにあった精神科病棟は完全に消滅したのです。地域で専門職が利用者を支えると、病棟が解体できるのです。

これはバーミンガムのACTチーム、地域チームが入っている建物です（図2）。アメリカでも同様です（図3）。この建物の中に地域チームのオフィスがあります。これは、アメリカのインディアナ州のACTセンターの一つで、NPOである精神保健センターの中にあります。

話はイギリスにもどりますが、バーミンガムのスモールヒース地区には、保健所の二階部分に二〇床くらいの個室のある精神科病棟がありました。大きな精神科病院ではなく、誰でもが利用

図1　イギリス 使われなくなった病棟

する保健所に小さな精神科病棟があり、乳幼児の検診が行われるような住民が誰でも利用する建物に精神科病棟を置くことによって「精神疾患が特別な疾患ではない」と位置づけているのです。その病棟の入院患者は措置入院の方ですが、病棟にはほとんど鍵はかかっていませんでした。鍵がかからず、いつでも外出できる状況にあれば、人は逃げださないのだそうです。

バーミンガムには、日本のような閉鎖病棟は、エリザベス記念病院と触法病棟にしかありません。バーミンガムには「リーサイドクリニック」という触法病棟がありましたが、そこには鍵がかかっていました。一般の精神科病棟では、興奮状態の方が入院してこられたら直後一日間くらいは鍵が閉まっていることもありますが、ほとんど鍵がかかっていないというのが現状です。

図2 イギリス 2003

図3

## 4 精神保健サービスの原理と原則

医療・医学研究における生命倫理というものがあり、生命倫理には四原則あります（Beauchamp & Childress 2001＝2009）。「自律の尊重（人に対する敬意）」、「無危害（危害を及ぼさないこと）」「利益（善行）」、そして「正義」です。これが生命倫理の四原則といわれています。

「自律の尊重」とは、「自分の意思で決定することのできる人が、選択する自由がある状況で、自身のことを自分で決め、行動すること」です。入院も退院も自分で決める。そして専門職はその人の人格を尊重し、敬意をもって対応する。同時に個人情報の保護をし、その人の噂をしたりしない。難しいのは、重い精神障害の方や知的障害の人のなかには自己決定能力が乏しい人たちがおられるので、その人たちの自己決定権をどう支えるか、という問題があります。その人たちの自己決定能力に沿った、決定しやすい情報を私たちがわかりやすく説明していかなければなりません。私たちには、わかってもらえるだけの力、コミュニケーション能力があるかどうかが問われ、そのような努力をしないと「自律の尊重」は保障できなくなります。

次が「無危害」で、「無危害」とは、「患者や被験者に危害を加えないこと」です。侵襲性の少ない、傷つけない、影響が少ない治療方法を可能な限り選択するのです。精神疾患でいう「危害」とは何でしょう。まず「入院中心であること」です。若い人たちにとっては精神科病院の外来にいくだけでも大きなトラウマになるといわれています。精神病早期介入をイギリスやオーストラリアでは始めており、若者にトラウマを与えないために精神科病院で治療することを極力避ける方法がとられています。

次に危害とは、「生活歴や病状を丁寧に聞かない」ことです。専門職は病歴を聞きますが、その人が「どのような思いで、どのような人生を送って今があるのか」という人生の物語を聞かないことはよくあることです。さらに、「不適切な薬物療法」も危害に当たります。日本でまだ不適切な薬物療法が継続されていることはご存じのとおりです。

「アウトリーチをためらう」ことも危害です。アウトリーチほど、その人の現実を知ることができる方法はないと言えますけれど、日本では積極的に行われていません。アウトリーチが必要な人へのアウトリーチなしの支援は危害に当たります。最後が「副作用の問題」で、これも危害に当たります。

以上のような無危害の原則がなかなか実践されていないのが日本の現状です。

次の原則が「利益（善行）」です。「利益」の原則とは、「患者・被験者の最善の利益を図ること」です。その人の最善の利益とは何でしょうか。それは、その人が希望する医療が提供され、必要以上に拘束されないことです。

また、「医療の場合は患者の生命、健康の維持・回復を追求すること」が利益となります。研究の場合は将来の患者のために、医学の発達のために研究するということになります。日本の精神科の研究を見ていると、医学の発展を追求することに一生懸命になったために患者さんの気持ちが忘れられてしまっているということがありますが、決してそういうことがあってはならないのです。

四番目の原則は「正義」です。「正義」とは、「人に対して公平かつ平等な対応をする」ことです。それには「相対的正義」と「配分的な正義」があります。精神科医療の範疇で考えて見れば、サービスがあるにもかかわらず、サービスを受けられない人たちが日本ではたくさんおられます。「未治療」や「治療中断」の人が多いのです。

私が「ACT‐K」で見ていた人たちの「機能の全体的評定尺度（Global Assessment of Functioning: GAF）」の値をインディアナ大学心理学部のボンド（Bond,G.）教授に見せたら、「こんな重い値の人がいたのは、アメリカではもう二〇年前の話だ。最近はこれほど悪化するまで放置されている人はいない。アメリカではホームレスになる人が多いのでホームレスへの援助で早く医療に結びつけることができているのに、まだこんな人が日本にいるのか」と言われるくらい、「未治療」や「治療中断」の人が日本では放置されているのです。すなわち必要な人にサービスが配分されていないのです。

さて、「日本の各職種の倫理綱領」を考えてみましょう。看護師、作業療法士、精神保健福祉士の倫理綱領を見ると、次のようなことが書かれています。「人間性の尊重」「個人の尊厳と権利の尊重」「最善の利益の提供」「自己決定権の尊重」「守秘義務」「無危害」「社会貢献」「連携」などです。これが実践できているかは、また別のことになります。

次に、一九九一年の「国連原則」を見てみましょう。国連原則には「精神疾患を有するものの保護及びメンタルヘルスの改善のための諸原則」というものがあります。いくつかの原則を見てみます。

原則三の「地域社会における生活」では、あくまでも地域の中で生活することが精神疾患や障害のある人にとっては当然だと謳われています。原則七では「その地域社会と文化の役割」が謳われ、それぞれ文化を抜きにして人の生活は成り立たない故に、その文化を尊重することの大切さが書かれています。原則九の「治療」では、治療は最も身近なところで受けられることが書かれています。さらに原則一〇では「治療への同意は原則である」となっています。同意のない入院が日本ではあまりにも多いのです。そして原則一五の「入院の原則」では、「精神保健施設で治療を受ける必要がある場合、非自発的入院を避けるよう、あらゆる努力が払われる」と書かれています。

以上のことから「精神疾患を有するものの保護及びメンタルヘルスの改善のための諸原則」が、日本ではいかに実現できていないかがお分かりになるでしょう。

ここまでの話で地域での生活が基本であることはご理解いただけたと思います。そこで、「地域でサービスを展開する時の基本原則は何か」を、イギリスのソーニクロフトとタンセラが書いていますす（Thornicroft & Tansella 2009=2012）のでご紹介します。「自律性」「連続性」「有効性」「利用しやすいこと」「包括的であること」「公平性」「成果を出し説明する責任」「連携がとれていること」「効率性」の九つの基本原則をあげています。

一つずつ簡単に確認したいと思います。

「自律性（Autonomy）」。これは、症状や障害があっても、自分自身で選択し、決定できる能力を意味します。自律性は、効果的な治療やケアによって促進されるべきです。効果的な治療とは何かというと、たくさん薬を出すことではないですね。いかにしてコミュニケートするかです。

二つ目は「連続性（Continuity）」です。利用者を支援するにあたり、支援チーム内、チーム間で情報が共有され一貫したケアを提供できること（横の連続性）と、長期に渡って途切れなく継続した支援ができること（縦の連続性）が重要です。

横の連続性を私の参加していたACTチームを例に考えてみましょう。チームを形成した当初、職種によって使う言葉が異なっていました。多職種がチームで話し合うのは、チームの立ち上げ当初大変難しかったです。作業療法士が立てている目標と、看護が立てている目標が違ったりしました。利用者は看護には手を引っ張られ、作業療法士には足を引っ張られたりして八つ裂きのようになったりするのです。お互いが、チームでしっかり話し合いをできるようになると、途切れなく連続した支援ができるようになります。

また、同じチームがいつまでも抱え込むのではなく、ある程度よくなっていけば、サービスの少ない機関に利用者のサービス提供は移行していき、連続した支援が受けられるようにしていきます。これが「縦の連続性」という意味です。

日本では「ケアに対する依存性が強い」と思います。援助関係の当初には支援者と利用者間に依存関係ができるのはよくあることであり、決して悪いことではありません。ただ利用者が回復するとともに、支援者との依存関係は徐々に弱くなり、友人や地域社会の人びとに関係性を移行させていくことが大切です。日本の場合は、ご本人よりもむしろ専門職が離れたがらない姿をよく見ます。

専門職の援助のしすぎが利用者さんの回復を遅らせていることは少なくありません。

三つ目は「有効性（Effectiveness）」です。これは地域、個人レベルでサービスやケアが実生活に即して「有用である」と証明されていることです。自分たちのサービスに対して、科学的な根拠が出せるということが大切になります。

四つ目は「利用しやすいこと（Accessibility）」です。利用者やケアラー（家族など無報酬で利用者の介護をしている人）が、いつでも、どこでも必要に応じてケアが受けられることです。

五つ目は「包括的であること（Comprehensiveness）」です。幅広く重症度の高い精神疾患、幅広い利用者特性（性別、年齢、人種、診断）をカバーするサービスができているかどうかです。また、外来、コミュニティケア、デイケア、急性期入院、長期居住施設、サービス間の連携など、あらゆるタイプのケアが揃っているかどうかも基本原則に入ります。まだ日本では揃っているとは言えません。

六つ目は「公平性（Equity）」です。これはサービスを公平に分配することです。サービスや資源をきちんと分配する方法を明確にしておくことです。基準を明らかにすることであり、日本で特に欠けているのは「サービスの終結基準」です。イギリスの地域ケアチームでは、毎週金曜日にすべての利用者を評価します。濃密なサービスを提供するチームから、よりサービス量の少ないチームへ移行するときの基準を決めておき、その基準点に達した状態が三カ月続くと、一段サービスの少ないチームに移行するというように評価がされていましたが、日本はこの基準がありません。日本ではサービスを適用するかどうかの最初の基準はありますが、終わりのところが曖昧です。結果、軽い人をいつまでもケアし続けることで、新たにサービスが必要となった人にサービスが届けられないし、財源が膨れ上がることになります。

七つ目が「成果を出し説明する責任（Accountability）」です。きちんと説明できることです。すべての人へサービスが理にかなった方法で責任をもって提供されることであり、成果を出すことも必要です。

八つ目は「連携がとれていること（Co-ordination）」です。利用者一人ひとりに一貫した治療計画が立てられ、それに基づいたサービスが提供されていることです。多機関でサービスを提供すると、サービスの漏れがでたり重複したりしますので、連携がとれていることも大事なことです。

最後の九つ目は「効率性（Efficiency）」です。ある水準の結果を出すために要する資源が最小限に抑えられて、同じ資源で最大限の結果を出すというサービス特性のことです。私が参加していたＡＣＴ‐Ｋは、コスト計算すれば入院治療より安く、明らかに効率的なサービスができていました。

倫理と原則に関して「障害者権利条約」について簡単に確認しておきます。みなさん、ご存じのとおり、日本は二〇一四年に「障害者権利条約」を批准しました。これは社会モデルの考え方で、その目的は「全ての障害者によるあらゆる人権及び基本的自由の完全かつ平等な享有を促進し、保護し、確保すること並びに障害者の固有の尊厳の尊重を促進すること」と謳われています。

倫理と原則の最後として「メンタルヘルスアクションプラン」についてお話しします。これはＷ

HOが出したものです。目的は「メンタルヘルスのための効果的なリーダーシップとガバナンスの強化」「地域ベースの包括的で統合され、反応性のあるメンタルヘルスサービスと社会サービスの提供」「メンタルヘルスにおけるプロモーションと予防のための戦略」「メンタルヘルスのための情報システム、科学的根拠と研究の強化」です。

重要なことは、確実なエビデンスを出すことです。なんとなく「患者さんがよくなったからよかったわね」ではなく、「どういう根拠でよくなり、どういうことを積み上げていけば、より効率的な、よいサービスができるか」を考えていく時代ではないかと思います。

以上のように精神保健の倫理と原則は、さまざまな機関や団体、あるいは個人から提言をされています。では、このような倫理と原則に照らして、日本の現状はどうなっているかを考えてみましょう。

## 5 日本の現状

最初に「世界の中の日本」を確認します。日本は、人口に対する精神科病床率が世界一多い国です。人口一万人に対して最も精神科病床を多くもつ国です。そして入院医療費に比較し地域生活支援の財源が乏しいことも顕著です。また、政府も国民も精神障害のある人と家族への関心が乏しい国です。日本の首相が所信表明演説で精神障害者の支援について触れたことは一度もありません。しかし、アメリカやイギリスの大統領や首相は、所信表明演説のなかでメンタルヘルスについて必ず述べます。つまり精神障害のある方への対策は、首相や大統領の重要な職務として位置づけられているのです。日本は、精神保健福祉対策は極めて貧弱な国です。

また、援助専門職の教育レベルにも問題があります。ACTで働いている人たちは、アメリカでは修士レベルですし、イギリスでは大学卒や専門学校卒であっても、毎年、各スタッフの研修計画がチームで立てられ、研修を積みあげてスタッフは等級を上げていきます。イギリスの場合は病院で働くスタッフがA～Dクラス、D～Gクラスが地域チームのスタッフ、Hクラスがチームリーダー、Iクラスが政策担当です。きっちり格付けがなされていて、病院のスタッフの給与は安く、地域スタッフが高いのです。

日本は反対で、病院スタッフの給与が高いのです。本来は地域で働くスタッフの給与が高いのが当然です。なぜならば地域では、一人で訪問しすべての判断をしなければならないからです。病院は困ったら誰かにSOSを出し、助けてもらえます。ですから、病院のスタッフはベテランの指導者以外は初心者でいいのです。地域の人が高い給与をもらい、高いレベルの人が地域で働くのです。

日本では、地域で精神障害のある人が当たり前のように暮らすという政策誘導がなされていない故に、病院で働く専門職より地域で働く者の給与が低いのです。「病院から地域へ」と政府は掛け声をかけますが、実際は地域に対する財源の裏付けが不明確な施策があまりにも多く、いろんな施策は出てきますが、地域生活支援に財源が十分ついてこず、スタッフのスキルも上がりません。

このような厳しい現実の中で、花園大学の学生は実習を通して成長していきます。私は、実習の巡回指導に行ったり、実習後の授業の中で学生から多くのことを教えてもらったりしてきました。

**例1**：精神科病院の医療保護入院。激しい症状のある人が家族に車で病院に連れてこられました。ご本人は、ドライブに行こうとだまされて連れてこられ、病院の玄関で車から引きずり下ろされました。実習生のAさんは、午前中にそのような状況を体験したようで、午後に巡回指導で私が行った途端、ボロボロ泣きだしてしまいました。二人だけで話をすると、「本人が納得して入院するまでどうして話し合わないんですか。私、おかしいと思います」とひとしきり泣きました。

Aさんはその後、「学部の勉強だけでは私は戦えない」と言い、修士課程に進み、理論を構築したうえで精神保健福祉士として働き出しました。

**例2**：措置入院の受け入れのための待機場面。実習生Bさんが精神科医二名と措置入院患者が移送されてくるのを待っている、精神科病院の診察室での会話です。約束の時間になっても患者さんは運ばれてきません。すると一人の医師が「保護室にぶちこんでおいたらいいやん」とつぶやきました。もう一人の医師はそれをとがめることもなく聞き流しました。

実習生のBさんは、数週間前に、ある診療所のすばらしい先生に出会っていたので、精神科医は崇高な人ばかりだと思っていたため、その発言を耳にしてショックを受けてしまいました。その夜は眠れず「個人の尊厳」について考え続けました。朝方になり「そんなお医者さんがいるから権利擁護をする精神保健福祉士が精神科病院に必要なのではないか」と気がついたそうです。

**例3**：患者様が亡くなられたのに悲しむことのない家族。実習二日目に患者さんが亡くなられ、家族が霊安室で対面する場面にCさんは実習指導者と共に立ち会いました。しかし家族は悲しむどころか、ほっとした表情だったのです。「亡くなっても家族が涙を流すことのない、この人の人生ってどんな人生だったのだろうか」と、Cさんはすごくショックを受けました。実習指導者が「この人は、過去に様々なことをして家族に迷惑をかけていたから、家族にしたら死んでホッとしているのだ」といわれても、「人に悲しまれずに死んでいくって、そんなことあってはならない」とCさんは苦しみ、一晩、二晩、寝られませんでした。

夏休みの実習期間が終わり、後期の実習の振り返りの中で、Cさんは、家族と患者様の関係修復が精神保健福祉士の役割の一つだと考えるようになり、実習先の病院に就職をしました。

**例4**：「アツアツのすき焼きがたべたい」という入院中の患者さんに出会った実習生のDさん。実習の後半でアセスメントをした時、「あなたのニーズは何ですか。どうなったらいいですか？」と聞いたら、「アツアツのすき焼きが食べたい」との返事でした。病院では熱々のものは絶対食べられません。三年も一〇年も入院している人は熱々のうどんも食べられません。それが当たり前なのが精神科病院の入院です。「退院したい」のではなく、その人のニーズは「アツアツのすき焼きが食べたい」でした。その言葉の意味を掘り下げ、Dさんは「退院支援計画」を作成しました。

ここまででもよい話ですが、後日談があります。Dさんが実習を終えた後、実習先の病院の指導者から私に電話がありました。「三品さん、すばらしい実習生を送っていただきありがとうございました。花園大学の学生さん、すばらしいです。Dさんの作成された支援計画がとてもよかったので、支援計画を使って退院支援させていただいてよろしいですか？」という内容の電話でした。教員としてこんなうれしいことはありません。Dさんは、温かい食事をするたびに実習のときのアセスメント場面を思い出し、一人でも多くの方の地域生活を実現したいと、今は地域生活支援の要の施設で長となり励んでおられます。

すばらしい学生たちだなと、私は感動し、彼らから専門職の、そして人としてのあるべき姿を学ばせてもらってきました。「花園大学の学生って、いいなあ」と思います。それぞれ豊かな感性をもっておられる。「アツアツのすき焼きが食べたい」という言葉から退院支援計画へと発展させるその感性と技術が素晴らしいと思います。「患者さんの権利が守られないので精神保健福祉士が病院に必要なのだ」ということに気がついていくこと、「死んでも涙を流されないような人が世の中にあってはいけない」と思うこと…。

こんなすばらしい学生たちが花園大学にいると思うと本当にうれしいです。日本の精神保健医療福祉の現実の中にあっても、豊かな感性をもった学生さんたちが、全国、沖縄から北海道までいて社会に貢献していいます。

厳しい現実の中にありながらも、精神保健医療福祉の領域は追い風です。最近、入院中心の日本から「精神障害者にも対応した地域包括ケアシステム」が浮上してきました。このシステムは、あくまでイメージ図で語られており、実現するかどうかは今後にかかっています。

地域の相談機関は、「精神障害者にも対応した地域包括ケアシステム」に振り回されている状況で、このシステムに見合うだけの十分な財源は、今の段階ではありません。法制度が進まない中で、こういうシステムが出てきているのは矛盾ではありますけれども、これをいかに活用するかは、ある意味で精神保健福祉士の腕にかかっているとも言えます。

この、「精神障害者にも対応した地域包括ケアシステム」が浮上した経緯を、簡単に概観してみます。

二〇〇四年、「入院医療中心から地域生活中心に」という理念が出されましたが、そううまくは進みませんでした。二〇一七年の時点で、精神疾患による入院患者は二八万三六五三人、そのうち精神科病院に一年以上入院している人が一七万人で、その一七万人のうち五年以上の入院者は九万人もいるという実態でした。

また、精神科病床からの退院者の四〇％が一年以内に再入院していました。地域にたくさんの資源があるにもかかわらず、四〇％は再入院していたのです。こんなことは精神保健の先進諸国ではありえないことです。

そして、包括的支援が必要とされている人のうち、退院後に居住地区におけるサービスを利用した人は、たったの三三％でした。地域で働いている専門職は増えてきているのに、サービスが必要であるにもかかわらずサービスにたどり着いていない人が六七％いらっしゃるということです。

そこで、サービスが必要な人にサービスを確実に届けられるシステムを創ることが重要であることが明らかになり、「精神障害者にも対応した地域包括ケアシステム」を創ろうということになったのです。

さらに、精神科病院における一年半以上の長期入院患者（認知症を除く）のうち、一四％の人は退院可能とされました。退院可能とされている方のうち、三分の一は居住支援がないために退院が困難になっていました。適切な住まいがないのです。日本では、長期入院したために自分の実家に帰れなくなってしまった人たちの生活保障をする住居は十分につくられていないのです。

イギリスでも住居事情は日本と同様によくありません。しかし、地域生活を支援するチームには、市の住居担当者がスタッフとして入り、居住保障をしています。ですから精神障害の人の退院支援のための住居を探し、また劣悪な住居に住んでいる人には、好環境の住居に転居できるよう、働きかけているのです。このようにイギリスでは組織が柔軟にできています。

しかし日本では、そういうことは考えられていませんから、退院可能な人が退院できないのです。さらに精神療養病棟に入院する患者の二分の一が「在宅サービスの支援が整えば退院可能」とされていました。病院から押し出す力が弱いと同時に、地域で受け止めることのできる社会資源や人材が足りないということで、地域包括ケアシステムを精神障害者にも構築しようということになったのです。地域包括ケアシステムの構築は、もともとは高齢者から始まったものですが、「精神障害者に対しても必要ではないか」ということで出てきました。

「地域包括ケアシステムの検討会」でイメージ図が提示されていますが、このシステムを推進するためには人と財源が必要です。例えば、二〇二〇年度の同事業の自治体状況共有シートの「自立支援協議会の開催」回数を見てみますと、同協議会は京都府・京都市とも三回開催されていますが、精神領域に関する議論を行う部会は、京都府・京都市では開催されていません。

私は地域包括ケアシステムに関しては詳しいわけではありません。ただ、自分が行政で二七年間働いていた経験から考えると、同システムの構築には困難が伴うと思います。なぜならば同システムの実施主体は政令市、中核市、特別市、保健所設置市であって、他の市区町村が取り組むさまざまな包括的な支援と比較すると、同システムのための「法的根拠」がないからです。法的根拠をきちんと定め、「精神保健福祉士をこれだけ置いてこのような制度でサービスを行う」というものが無いなかで推進していかねばならないのは厳しいです。

今、三障害をあわせて相談を受ける機関はたくさんあると思いますが、知的障害や身体障害から出発した機関では精神障害に対応できる人はいません。精神保健福祉士がいる事業所では、身体や知的障害の相談を受けると結構、しっかり対応してくださいます。このような障害種別のサービス格差をどのように埋めるかも今後の課題です。

「精神障害者にも対応した地域包括ケアシステム」という発想が出てきたこと自体は、格段の進歩です。しかし、それを実現するには、行政の計画性（人材・財源）が潤沢でなければ実現しません。次に、「地域包括ケアシステム」の根幹となる「コミュニティに立脚した支援の必要性」を考えてみましょう。

## ●6 コミュニティに立脚した支援の必要性

私は「コミュニティに立脚した支援」は絶対に必要だと思っています。そこで「コミュニティとは何か」を、ここで確認したいと思います。

辞書を引いてみると、コミュニティとは「ある地域に住むすべての人びと」を指したり、「人が暮らしている地域」「特定の宗教や専門性などを共通にもつ団体（たとえば移民団体）」、あるいは「特定の利害を有する集団など、それに類するもの（たとえば知的集団）」、「一般社会」と書かれたりしています。

「人が暮らしている地域」、すなわち、ある程度のエリアが決まっているのが「コミュニティ」だと言えます。例えば京都の西陣の街は、年々変化しています。人の入れ代わりもあれば、文化も変化します。コミュニティ自体が変化をしているなかで、ケアをどうしていくかが課題となっています。ただ新たな世代は、新たなコミュニティを形成し始めているのも事実であり、コミュニティの崩壊ではありません。

先ほど挙げたソーニクロフトとタンセラの述べている「コミュニティケア」についてお話しします。コミュニティケアではまず「自分の自宅近くで受けられるサービスが適切にあること」が欠かせません。これは後程詳しくお話しします。

次に「コミュニティ精神保健サービスは一定の地域住民に対してあらゆる効果的なケアを提供し、

その地域の他の機関と協力しながら、精神障害の重症度に応じて治療・援助するものである」ことです。重症度に応じた治療・援助が必要であり、イギリスのように定められたキャッチメントエリアに重症度に応じたいくつものチームがあることが必要なのです。日本の実態は、精神科病院に中心化された治療であり、アウトリーチしてくれる機関は少ないのが現状です。

そして「これからの精神保健サービスはコミュニティ中心のケアと病院中心のケアをバランスよく提供する仕組みでなければならない」ことです。精神科病院が全くなくなるということではなく、病院と地域のバランスがとれていることが重要です。また、大切なのは単科の精神科病院ではなく、総合病院の中に精神科病床を置くことです。すなわち京都市立病院のような総合病院の中に内科病棟や外科病棟と同様に精神科病棟を創り、単科の精神科病院は差別を助長するものであるから無くしていくことが重要です。単科の精神科病院は、コミュニティケアにはそぐわないのです。

「自宅の近くで受けられるサービス」とは、自転車でも徒歩でも行ける範囲にサービスがあることです。そして「サービスの提供者は利用者のコミュニティをよく知っていること」が必要になります。アウトリーチといっても、左京区の北の病院から中京区や上京区に訪問してくださっても、その病院の職員さんは地域のことは何もご存じありませんので、適切なサービスを提供できないのです。コミュニティケアは、そのコミュニティをよく知っている人がサービスを提供することが原則です。

そしてコミュニティケアでは「利用者がコミュニティに所属し、役割をもてること」も大切です。ある実習生の経験です。学生は、精神科病院のアウトリーチ実習で患者さんの自宅訪問に同行しました。京都では町内会組織が今もしっかりしていますから、住民は数年に一度町内会の役員を担当します。その方は「来年、町内会の役員が回ってくる」ことについて相談されました。「心配で、心配で、不安です」と。すると精神保健福祉士さんが「そやな、私が町内会長に説明して断ってあげる」と答えたとのことです。

学生が大学で、その支援のあり方に疑問を呈しました。「それはおかしいと思うんです。町内会の役員を断ったら、その人はいつまでも町内会の一員になれないんじゃないですか」と言うのです。そして学生は、町内会の役員にはどのような役割があるかを調べ、その方が手助けを得ながらできそうな役割を調べ、次の実習日に実習指導者に提案しました。学生の指摘どおり病院の精神保健福祉士や近隣の方々の支援を得ながら役割を果たすことで、その方はコミュニティの一員になれます。役員から外すことはコミュニティに所属することにならないのです。

学生は素晴らしいですよね。当たり前の感覚をもっています。精神科病院に長く勤務すると、一般人の感覚が薄れ、「患者さんはできないから、何もしなくてもよい」という方向に流れていきます。「コミュニティに所属して役割をもてること」には、サービス提供者自身がコミュニティに身を置くことが欠かせません。精神科病院に長期に勤務すると、職員自身がコミュニティ感覚を喪失し、地域で暮らす精神障害者の力を奪っていくような援助をしてしまうことがあります。サービス提供者自身が、コミュニティの中に所属していることが重要になります。

さてここでコミュニティに立脚した支援を考えるために一つの例として、患者とその家族を支援するケアについて考えてみましょう。精神病を体験するって、どんなことか、また最初に体験した時にその体験をした人は何を望むのでしょうか。

最初、精神病を体験した時、その人は「一体何が起こっているんだろう。この状態の正体を知りたい。何とかしなくては」と思います。また、「恐い」とか「不安」とか「誰かに助けてほしい」とか辛い思いをします。

その時、精神病様体験をした人は何を望んでいるのでしょう。「身近な人にサポートしてほしい」「同じような体験をした人と出会うこと」「身近で安心して相談できる機関に行くこと」「侵襲的でない訪問」、つまりガタガタとやってきて土足で踏み荒らすような訪問ではなく、ソッとやってくる訪問を望まれます。また「精神科外来に受診すること」や、場合によっては「納得した上で入院すること」を望まれます。

家族は家族で戸惑います。日本では多くの場合、異変に気づいた家族が相談機関を探します。日本の場合、特に統合失調症の場合、初発から治療にたどりつくまで約一年半かかります。アメリカやイギリスでは、こんなにも長期に未治療でいることはありえません。「おかしいな」と気がついてから一年半かかると、かなり病状が悪化してしまっています。もっと気軽に医療や相談できる機関や本人とエンゲージメントを行える機関が必要です。

私は、「初めて精神疾患にかかった人が、どんな専門職や、どんな人に、どんな場所で出会うか、それによって利用者や家族の人生が変わる」という現実を見てきました。入院の判断が医師によって異なることも少なくありません。するとその人の人生が変わるのです。初めにどんな人と出会うかによって、その人や家族の人生は変わってしまいます。ですから最初に相談を受ける人は、その人の人生を決めてしまう可能性があり、重大な役割を背負っていると言えます。それが日本の精神疾患の方への支援の現状だと思います。

家族を調査した結果、次の七つの提言が出されています（公益社団法人全国精神保健福祉会連合会・平成29年度家族支援のあり方に関する全国調査委員会二〇一八）。

一つ目は「本人や家族のもとに届けられる訪問型の支援や治療サービスの実現」です。アウトリーチ支援の実施への提言です。

二つ目が「二四時間・三六五日の相談支援体制の実現」です。内科や外科は救急車で受診できますけれども、精神科救急は、京都の場合は府立洛南病院か、舞鶴医療センターしかありません。

三つ目が「本人の希望にそった個別支援体制の確立」です。ご本人が希望される支援体制がどこにでもあることです。

四つ目が「利用者中心の医療の実現」です。最近の内科や外科は、診察時間を予約し、利用者が医師を選ぶ権利があり、主治医と相談しながら自分の治療を組み立てて行けます。診断に合わせた治療法がいくつか提示され、利用者は選択可能であり、利用者は「中心に置かれている」という気持ちが保てるように変化してきています。セカンドオピニオンやサードオピニオンもとれます。しかし、精神科医療はそれほど豊かでない故の提言です。

五つ目は「家族に対して適切な情報提供がされること」です。丁寧な情報提供ですね。それも家族が理解できる言葉でわかりやすい情報の提供が必要です。

六つ目が「家族自身の身体的・精神的健康の保障」です。精神疾患は家族をも巻き込んでいく病気です。日本では家族の負担が大きく、家族自身がストレスフルになって不眠が出たり、中には幻聴がある家族も出てきたりします。家族の負担を軽減することが欠かせません。

七つ目が「家族自身の就労機会および経済的基盤の保障」です。ＡＣＴ‐Ｋの活動に参加している時、ご本人の世話をするためお父様が仕事を辞められたご家族や、ご本人の治療がうまくいかないため経済的にひっ迫している家族にお目にかかりました。家族が世話に生涯を捧げるのではなく、家族が同世代の人と同様の生活ができるような仕組みを創っていくことが求められます。

以上のように精神病を初めて体験した本人も家族も、コミュニティに立脚した支援を期待していることがわかります。

次に、「精神科受診が人びとにはトラウマになりうる」ということをお話ししたいと思います。どのような疾患でも早期発見・早期治療は重要であり、それは精神疾患も同様です。しかし精神疾患の早期発見・早期治療には落とし穴があるように私は思います。「誰と、どのように出会うのか」ということと、「信頼関係」、つまり「利用者と専門職の間でエンゲージメントが確立できるかどうか」が鍵となります。

初回の専門職との出会いを失敗すると、利用者には大きな傷を残し、専門職への不信感を増大させます。また、トラウマを防ぐためには、同じような体験をし、回復した人との出会いが大切で、回復した人をモデルにしてリカバリーしていくことが可能となります。

さらに、トラウマを防ぐには「最初は少ない人数で頻回の訪問で手厚いケア」を提供することが不可欠です。大勢の人が入れ代わり立ち代わり訪れるのではなく、限られた人との安心した関係を築いていくことです。日本の訪問看護は担当制ではなく、訪問者は日により異なります。そうではなく、数人の人でずっと手厚いケアを三週間すれば入院せずに過ごせるのですから、「時間をかけつつ急ぐ時は急ぐ」という姿勢が回復の鍵になります。

英国のバーミンガムで、私はいくつかの地域チームに参加させていただきました。ある在宅治療チーム（Home Treatment Team）のケアの場面です。そのチームの朝のミーティングで「お母さんの頭をかち割った女の人が家で警察に守られている。このチームがケアを依頼されているので今から訪問する。どういう治療と援助をするか」という話し合いがありました。

「日本だったら措置入院では」と思う事例でした。今ならば医療観察法の対象者です。しかし、そのチームは「三人でローテーションを組んで三週間やってみよう。それで無理だったら措置入院を検討しよう」との方針でした。私も同行させていただきました。

最初の出会いでは、チームの職員は「薬」とか「病気」とか言わないのです。「おなかがすいただろう。何か食べたかい？」と声をかけ、その人が、まず困っていそうなことを一緒に解決していく中で、「眠

図4 早期支援の道筋〜統合失調症を例に

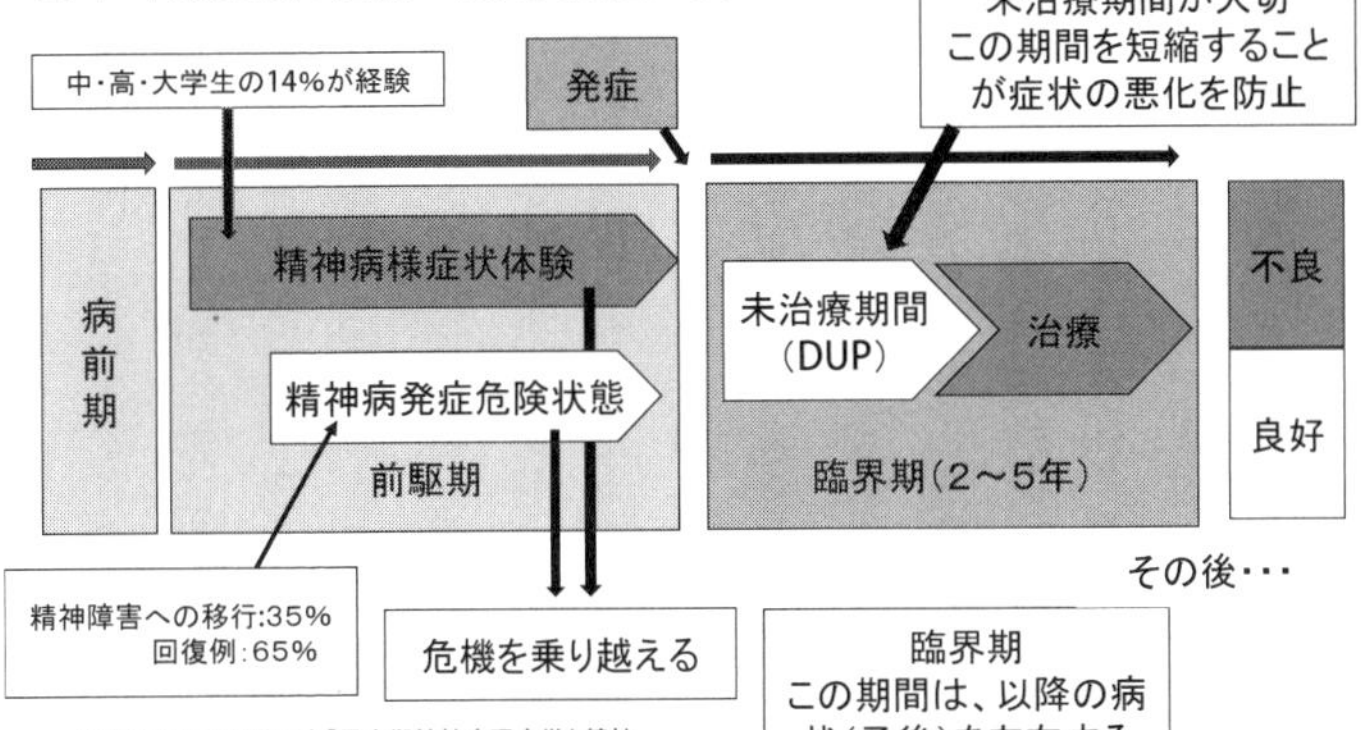


H20年度厚生科学研究「思春期精神病理疫学と精神疾患の早期介入方策に関する研究」一部改変

れなかったのか、それならちょっと薬を飲んだ方がいいよ」というように、その人に安心と安全を届けるケアをしていくのです。

「入院」とか「治療」とかの言葉は使いません。一人の人として「今、何に困っているか」を聞いて関係を構築し、二四時間、三人が交代で誰かが付き添って最終的に回復させていくのです。安易に精神科受診はさせないということでした。まさにコミュニティに立脚した支援です。

さて、これは厚生科学研究で明らかにされた図を一部改変したものです(図4)(岡崎 二〇〇八)。「統合失調症を例に挙げ、早期介入・早期支援」がいかに必要かを示しています。中学生、高校生、大学生の一四%は精神病様症状を体験します。この調査は三重県津市で行われましたが、オーストラリアの調査研究でもほぼ同様の結果です。若者の一四%は、幻聴が聞こえたり、妄想があったりします。けれども、その一四%全員が病気になるのではありません。精神病様症状を体験するだけの若者もいるのです。その一四％の若者のうち、精神障害へ移行する割合は三五％で、自然に回復する人が六五％いるということです。三五％の若者が精神病発症の危険状態に陥り、治療が必要になります。すなわち精神病様症状を体験し、発症のリスクのある一四％を支えることによって、精神病を発病させないようにすることができるという考え方をこの図は示しています。

これは早期介入・早期治療と言われて、イギリスやオーストラリアなど精神保健先進諸国で取り組まれています。この早期介入・早期治療では、精神科の薬はできるだけ使わないようにとのガイドラインが出されています。治療は認知行動療法や環境を整えることが中心です。中学校や高校に早期介入チームがアウトリーチをして、その生徒が勉強を続けられるように環境を整えます。先生方に対しても指導をし、精神病の発病を回避できるようにしていくのです。発症した場合は未治療期間を可能な限り短くします。初発から五年間、治療をきっちりすれば予後はよくなり、日本のように慢性化して長期入院する人は少なくなります。

「早期介入（Early Intervention）」は一九九〇年代後半から、イギリスのバーミンガムやオーストラリアで始まったものです。このように早期介入をすることによって、今、入院している人たちが入院しなくても地域生活できると言われています。

早期介入はコミュニティに立脚した支援の代表的なものですけれど、「コミュニティに立脚した支援」とは何かをここでまとめてみます。

まず「利用者が暮らす場所、活動する場所に出向いて支援する」ことです。二つ目は「専門職は事務所や施設の中に止まらない」ことです。三つ目は「ありふれた同世代の誰もが活用する資源を利用者が使えるようにする」ことです。利用者はデイケアに行くのではなくて、若者が集う健全なたまり場に行くように整えます。四つ目は「利用者が地域に所属できるようにする」ことです。

最後に「利用者の発病前の生活を継続できるようにする」ことです。中学、高校、大学で統合失調症を発病しても、援助付雇用と同様に「援助付教育」を行い、大学の授業、高校の授業を受けながら急性期を乗り越えていくことを大切にするのです。学校生活の中で被害妄想などが出現すると、早期介入チームのスタッフが学校を訪問し、認知行動療法を提供します。コミュニティに立脚した支援の一つである「早期介入」は、このような方法がとられます。

「日本にはコミュニティはない、消滅した」と語る人もいます。日本ではコミュニティは消滅したのでしょうか。確かにかつての地域共同体社会は減少してきていると思います。人々の移動で地域が変わってきました。けれども新たなコミュニティをどう形成していくかが大切であろうと私は考えています。私たちは住まう場所でコミュニティを創造していくとともに、働く場所でコミュニティを創っていくことが必要な時代です。

## 7 ACT‐Kのスタッフがしていること

では、地域密着型支援を展開する「ACT‐K」の人たちは、どのように新たなコミュニティづくりをしていたのかをお話しします。スタッフの行動はとても興味深いです。これは「ＡＣＴ‐Ｋ」の発足当時の組織図です（図５）。ＡＣＴ‐Ｋは、当初精神科医が往診専門の診療所「たかぎクリニック」を開設し、精神科訪問看護を専門とする「ねこのて訪問看護ステーション」が同じ建物に入っていて、さらに私が主催する「ＮＰＯ法人京都メンタルケア・アクション」も同一建物に事務所を構えています。この三つの機関が重なる部分がＡＣＴの対象者をケアし、そこを「ＡＣＴ‐Ｋ」と称しています。

図5 ACT-K の構造

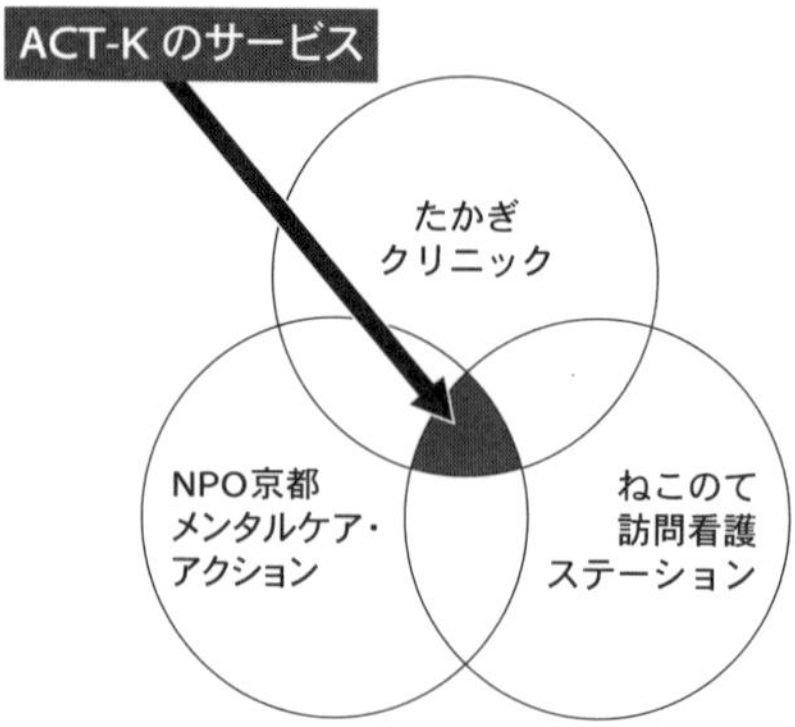


たかぎクリニックはほぼ往診専門ですが、中には重度でないが、受診できない方を訪問で支援していますし、ねこのて訪問看護ステーションは、成人の重度の方だけでなく高齢者で重度の方にも訪問し、現行制度を活用して運営していました。私の主催するメンタルケア・アクションは研究を行い、学生ボランティアが訪問をし、ＮＰＯの理事がサービスの質の評価、講演などの広報活動もしていました。

ＡＣＴ‐Ｋのスタッフが事務所でしていたことを紹介します。朝には京都の町中で昔からあった門掃きの習慣を実行しつつ近所の人に挨拶をします。美容院や理容院は職場の近くのお店を利用します。近くの店で宴会をし、喫茶店でくつろぎながら、やって

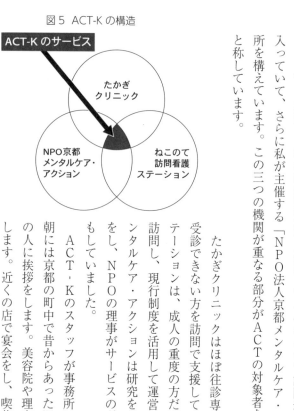

きたお客さんと世間話をして、自分たちの仕事の宣伝をします。近くの銭湯を利用します。隣の家の人に回覧板をもって行ったついでに世間話をします。その人の知り合いの人に精神科医がいると聞いたら、その人を非常勤で雇ってしまったりします。自分たちを知ってもらって活用してもらうのです。また活用可能な資源を探索し、利用者で回復した人の職場探しもします。スタッフ自身がコミュニティに密着する、所属する行動を常に実行していたのです。

例えば、近くの喫茶店でのある日の会話です。「お宅の若い方に、いつも門掃きしてもらってありがとうございます。従業員さんは若いのに偉いですね。どんなお仕事なさっているのですか」「診療所なんですけどね、往診専門なんです。利用者さんの仕事も探しているので仕事があったら教えてくださいね」。こんな話を、近くの喫茶店に行ってやっています。密かに探っているわけです。「この人はどんなふうに協力していただけるかな」と。

「ACT‐K」のスタッフは、訪問先で「利用者さんの近所の人ににこにこ挨拶をする」「御用聞きをして回る」のです。利用者さんのお宅を訪問するだけでなく、近隣の方が利用者さんの精神疾患を知っている場合は、利用者の了解を得て「こんなことをしています」と、話をします。そこで「実はね、裏側の通りのこの人がね、統合失調症で」という話を耳にすると、その家族が事務所に相談に来られるように促してもらうのです。

「利用者さんの学区の運動会や祭に参加する」「利用者さんと近くの店に買い物にいく」「民生委員や町内会長、家主はたばこ友だち、茶飲み友だちになる」「関係機関や保健所に立ち寄る」などをしています。一見、無駄なことをしているようですし、お役所勤務ならば叱られる行動ですが、このような行動が実は精神保健に理解あるコミュニティを創っていくことになるのです。

こんなこともあります。あるスタッフが訪問に行ったのに夕方のミーティングの時間になっても事務所に帰ってこないのです。携帯に電話をしても出ないのです。そのスタッフから事務所に電話が入ったのは午後九時でした。町内会長の家に招き入れられていたそうです。

「私ら、大声で毎晩、寝られへんのですわ」「あんたも一晩泊まってみなはれ」「はよ、入院させてくださいよ」「危なくて子どもも外で遊ばせられません」と責められていたそうです。何時間も食い下がられて、そこに近所の人までやってきて、利用者の苦情を並べられました。そのスタッフは町内会の人の気持ちを受け止めつつ、「何とか利用者の居住権を守りたい」との思いで、事務所からかかってきた電話にも出られなかったのです。

こういうことはストレスフルですけれども、私たちはチャンスだと思っています。苦情を並べられる人たちは、怒っておられても、今の現実に関心を持ち解決したいと思っておられるわけですから、味方になっていただける可能性があります。無視されるよりも苦情を言われる方が、ずっと、私たちはうれしいのです。

例えば近所の人でAさんとBさんがおられます。脳梗塞の人です。「邪魔者には出て行ってもらって、静かに暮らしたいわ。ワシの高血圧が悪くなるワイ」というAさんもいれば、「Zさんは小さい頃から親に殴られ、苦労してきた。二年前までは調子がよかった。もとのように戻らんかのう」と思っているＢさんもおられます。Ａさんのような人が攻撃をしてこられますが、一方地域にはＢさんのような人が必ずいるわけです。それを見逃さないようにするのです。

Ａさんのような人もＢさんのような人も含めて、「地域づくりは話し合いから」始まります。困り者のＺさんに理解を示す人もいますし、追い出したい人もいます。チームの努力を期待する人もいるし、情報を提供してくれる人もいます。対応策を示すと協力してくれる人もいます。「何かあったら連絡ください。私たちは二四時間ケアしていますから」と言うと、地域の人は安心してくださいます。そういう中で、一緒にＺさんを見守っていくのです。入院せざるを得ないようになっても退院後、町内会に帰れることを目指すことを目的に地域の人と仲良くしていくのがコツだろうと思います。

ＡＣＴ‐Ｋのスタッフの懸命な姿を見たり、自らを案じてくれる隣人がいることを知ったりすることで、利用者が他人への信頼感を回復し、しばらく入院してみようと自ら決意されることも少なくありません。精神保健の新たなコミュニティ創りは、このような努力から生まれます。

## ● 8　専門職の姿勢

それではコミュニティに立脚した支援を行っていく専門職にはどのような姿勢が必要かについてお話しします。これはモシャーとブルチの意見を参考にしています（Mosher & Burti 1989＝1992）。

援助者の望ましい特徴と望ましくない特徴についてです。

援助者の望ましい特徴は一一点です。まず「強い自己意識」であり、これは不確かな状況でも平常心でいられることとです。二点目は「偏見のない心で、受容的で中立的であること」であり、さらに「忍耐強く、押し付けがましくない」「実践的で問題解決型」「柔軟性があること」「共感的であること」「楽観的で支持的」「外柔内剛」「ユーモアがある」「謙虚であること」「状況を把握して考えられること」です。特に楽観的で支持的であることは大切だと思います。

ACT‐Kのようなチームで地域に密着していると、毎日様々なことが起こります。「今日は何があるやろ」とワクワクしながら仕事に出かけられる人は、良い素質があると思います。また、「ユーモア」や「謙虚さ」は、良いスタッフとして欠かせない特徴です。

逆に援助者の望ましくない特徴は六点あります。「救済しているという幻想」「情報の一貫した歪曲」「悲観的なものの見方」「自身のためにサービス利用者を利用する」「過度に支配的で、過干渉である」「他人を疑い非難する」が挙げられます。

この援助者の望ましい特徴と望ましくない特徴は、ACTなどコミュニティに立脚した支援を展開する地域生活支援のチームのスタッフを採用するときの判断に用いられます。

コミュニティに立脚した支援を推進するための「先進諸国で考えられている地域移行」は、次のように進められています。まず、長期入院者だけでなく、病院の職員も財源も地域に移行することが、「地域移行」です。地域移行を促進するためには地域の側の専門職の力量が問われます。地域で働くためには病院や施設で働くよりも臨床能力の格段の高さが求められます。地域で働く専門職が高い実践能力を身につけることが大切ですし、給与は病院、施設より地域の方がより高く設定されます。地域で働く専門職が高い能力をもち、高い給与がもらえるというシステムは、地域移行に不可欠です。

それでは「地域で求められるスタッフの臨床能力」とはどのようなものなのでしょうか。「利用者の場で支援を展開する力」「今、ここで判断できる力」「利用者のストレングスを見出す力」「アセスメントとケア計画策定の力」「職域を越えてかかわる力」「面接やカウンセリング、心理療法の力」「地域診断力」「ありふれた資源を利用者が活用可能な資源に転換する力」「コミュニティを創造する力」などが臨床能力としてスタッフに求められます。

「職域を越えてかかわる力」とは、次のようなことです。訪問したら利用者が倒れておられたとします。「熱中症で救急車を呼ばないといけないのか」「お酒を飲みすぎているだけなのか」「ただ寝ているのか」…。精神保健福祉士であっても、的確に判断ができなければなりません。精神保健福祉士だから、「身体のことはわかりません」「薬のことはわかりません」であってはならないのです。職域を超えた仕事をするのが地域の専門職ですから、他の職種ができることは精神保健福祉士もできねばなりません。また、「地域診断力」とは、対象となる地域について客観的指標やきめ細かい観察を通して、地域ごとのストレングス、課題、特徴を把握する力のことであり、コミュニティに立脚した支援では不可欠な臨床能力です。

私は、花園大学を卒業する精神保健福祉士には「認知行動療法も使えるようになってください」

とお願いしています。心理療法の力を備えてほしいのです。また、喫茶店をたまり場にしたり、肉屋のおばちゃんを支え手にしたり、コンビニの店員に頼んで、お金の計算ができない人が行っても買い物ができるようにしたり、ありふれた資源を活用可能な資源にすることも重要な臨床能力です。最後に障害のある人もない人も暮らしやすいコミュニティを創造する力も求められます。

このような臨床能力を身に着けるために精神保健先進諸国の専門職は訓練を積んでいます。例えば、アメリカの地域チームで働くソーシャルワーカーは、大学院で一〇〇〇時間以上の実習を経験し、ある大学院では、大学院終了後一年間のインターンを経て初めて資格が取れます。イギリスの国営サービス（National Health Services: NHS）の地域チームの職員は、短大や学部卒であっても、就職後にオープンカレッジや継続的なワークショップを受講し、自分の等級を上げていきます。

日本では国家資格がスタート地点ですが、資格を取ったのち、精神保健福祉士や社会福祉士はどの程度研鑽を積んでいるでしょうか？　皆無に近いソーシャルワーカーもいますね。私は学生さんに「卒業したら職場が与えてくれる研修以外に、年間給与の一〇分の一、もしくは一カ月分の給与は、自己研鑽に費やしてください」とお願いしてきました。コミュニティに立脚したサービスを提供するには、それだけの自己研鑽が必要です。

## 9　花園大学の学生・卒業生、そして花園大学に期待すること

最後に「花園大学の学生・卒業生に期待すること」を二つお話しさせてください。

一つ目の「コミュニティに立脚した支援をするには」は、学生さんや卒業生へのお願いです。まず視点の転換をしてください。つまり「利用者主導・ストレングス視点」で支援を展開してください。そして「専門職として知識やスキルを磨くこと」「回復した当事者と力を合わせること」「精神保健システムを変革する原動力となること」をお願いしたいと思います。与えられた条件の中だけで働かず、自らが創造してくださることを願います。

さらに「連携を密にすること」「利用者に患者役割を押しつけないこと」も大切にしてください。ACT‐Kのスタッフの中には、利用者のことを「患者さん」と呼ぶ人がいました。利用者は「患者さん」として地域で生活しているのではありません。確かに病院を受診するときは患者さんです。しかし、その人は主婦でもあるし、妻でもあるし、地域で暮らす住民です。地域では「患者さん」ではありません。「患者さん」として地域で見ている限り、その方は病院で「患者役割」を演じていたと同様に、地域でも患者として生きるようになります。

精神科医が家庭訪問をすると、Aさんは「しんどい、しんどい」と訴えます。しかし、精神保健福祉士が午後に訪問すると「ガソリンスタンドに勤めたいの。どうしたらええやろう」と言って精神保健福祉士と一緒にガソリンスタンドの見学に行きます。つまりかかわり方によってその人に「患者さん」としての役割を与えてしまったり、コミュニティの中で一人の個人として当たり前の生活をする生活者としての役割を与えたりすることになるのです。

大切なことは、「生活者」としてのその人を見守ることです。さらに「自分の臨床実践を批判的に考察すること」です。利用者からの批判は謙虚に受け止めるとともに、自らの臨床実践を批判的に考察する姿勢を持ち続けてほしいと思います。

さらに、「町に出ること」「利用者の暮らしを知ること」「地域を知ること」「利用者とおしゃべりをすること」です。おしゃべりの中で「利用者に動機付けをすること」も忘れず、「専門家は利用者の望む生活を実現するために尽くすこと」です。これらがコミュニティに立脚した支援をするのに重要なことだと思います。

二つ目の「花園大学に期待すること」をお話しいたします。学生は年々変化していますので「学生の変化に対応した教育の必要性」を私は感じています。学生たちに合わせた教育を展開していってほしいと思います。

次に、「禅の精神を専門職教育に活用してほしい」と願っています。「利他の精神」は精神保健福祉に欠かせない思想です。また私が専門とする精神保健専門職の養成は、理想的には大学院レベルの教育でないと難しいのではないかと思っています。日本では四年間の養成教育年限しかありませんから、卒後教育で補うことが必要になります。

私たち精神保健福祉士の養成に携わってきた教員は、卒後三年間は大学の責任だと考え、本学では卒業生たちの自主的な勉強会を行い、卒業生をサポートして来ました。専門職を育てるには卒業してからもサポートしていってほしいと思います。さらに実習のみならず、臨床実践の場を提供していただきたいと思います。学部生にボランティアとかアルバイトの体験をさせてあげてほしいと思います。

最後に、「日本から単科精神病院をなくすことへの理解と努力」を大学全体でもしていただきたいと思います。

二一年間、お世話になりました。学生、卒業生のみなさん、自らの権利を主張するとともに、あなたの身近にいる弱き人の権利を守っていただきたいと思います。それとともに花園大学が、小さくとも輝き続ける大学であり続けるように、卒業生も在校生も教職員も一緒になって頑張っていただきたいと思います。

以上で私のお話を終わらせていただきたいと思います。ご静聴ありがとうございました。

**［文献］**

Beauchamp TL, et Childress JF（2001）Principles of Biomedical Ethics. 5th ed. Oxford, Oxford University Press, 2001（＝立木教夫・足立智考監訳『生命医学倫理　第5版』麗澤大学出版会、二〇〇九）

公益社団法人全国精神保健福祉会連合会・平成29年度家族支援のあり方に関する全国調査委員会『平成29年度日本財団助成事業　精神障害者の自立した地域生活を推進し家族が安心して生活できるようにするための効果的な家族支援等のあり方に関する全国調査報告書』二〇一八

Mosher LR & Burti L（1989）Community Mental Health-Principles and Practice. New York: W.W. Norton & Co（＝公衆衛生精神保健研究会『コミュニティメンタルヘルス――新しい地域精神保健活動の理論と

実際』中央法規、一九九二）
岡崎祐士『思春期精神病理の疫学と精神疾患の早期介入方策に関する研究：平成20年度総括・分担研究報告書：厚生労働科学研究費補助金こころの健康科学研究事業』二〇〇九
Thornicroft G & Tansella M（2009）BETTER MENTAL HEALTH CARE. Cambridge University Press（＝岡崎祐士・笹井　清登・福田正人・近藤伸介監訳『精神保健サービス実践ガイド』日本評論社、二〇一二）

（最終講義・二〇二二年三月三日　花園大学教堂にて開催）

# 人間社会の再生可能性
## ――すべての市民が、平和のうちに、差別なく、その人らしい人生を歩める社会へ

花園大学人権論集㉚

二〇二三年三月二〇日　初版第一刷発行

編者●花園大学人権教育研究センター
〒六〇四―八四五六
京都市中京区西の京壺の内町八―一
TEL・〇七五―八一一―五一八一
E-mail・jinken@hanazono.ac.jp

発行●批評社
〒一一三―〇〇三三
東京都文京区本郷一―二八―三六　鳳明ビル
TEL・〇三―三八一三―六三四四
FAX・〇三―三八一三―八九九〇
振替・〇〇一八〇―二―八四三六三
E-mail・book@hihyosya.co.jp
http://hihyosya.co.jp

印刷
製本●モリモト印刷株式会社

●執筆者紹介

**渡邊　実**――花園大学社会福祉学部教授、特別支援教育指導法・知的障害児心理学
**岩田 真美**――龍谷大学文学部特任准教授／ジェンダーと宗教研究センター長
**高橋 啓太**――花園大学文学部准教授、日本近代文学
**久保 樹里**――花園大学社会福祉学部准教授、子ども家庭福祉・ソーシャルワーク
**中尾 良信**――花園大学文学部教授、日本中世禅宗史
**三品 桂子**――花園大学社会福祉学部教授、精神障害リハビリテーション学

ISBN978-4-8265-0742-4 C3036 ¥1800E　Printed in Japan